U0144936

教育品質

邁向頂尖之路

總校閱　邱文達

作者　臺北醫學大學教育品質中心

推薦序一

品質是價值與尊嚴的起點

　　教育是百年樹人的工作，同時也是厚植國力，達成國家整體發展目標的關鍵活動。教育的良窳攸關國家發展，作為國家培育人才的高等教育學府，更必須對提供專業的教育內涵有所認知，同時必須確保其教育品質，唯有高品質才有競爭力與價值，才能獲得尊嚴；換言之，品質是價值與尊嚴的起點。

　　臺北醫學大學創校以來，致力於醫學專業教育，提高醫藥研究水平，半世紀來為臺灣培育出無數醫護人員，保障國人的健康，值得肯定。尤其是近年來，臺北醫學大學全力發展品質教育，積極參與頂尖研究計畫，鼓勵學生出國留學並擴大招收外國學生來臺，並增加學校發展國際合作交流機會、加強國際參與等，藉此厚植國際化基礎，追求教育全球化與卓越化的目標，充分展現發展國際一流大學的企圖心。

　　臺北醫學大學榮獲第二十屆行政院國家品質獎，是繼元智大學及淡江大學後第三所獲得此獎的高等教育機構。國家品質獎是國內最高的品質榮譽，這不僅是臺北醫學大學的榮耀，也是高等教育發展的一項重要里程碑。大學的功能相當多元，研究、教學及服務皆屬之，然而，教學現場的主體是學生，教育活動的實施唯有「以學生為本位」、「以教學為核心」，始得稱之為精緻的教育，期望臺北醫學大學能繼續堅持高品

質教育的道路，以優良的教學孕育杏林後進，爲國家培育更多醫德兼備的專業人才。

教育部長

吳清基

推薦序二

　　隨著知識經濟時代的到來，國家社會的發展及進步與大學知識的創發及人才的培育密切相關，人才是國家競爭力的關鍵所在，鑑此，世界先進國家乃不遺餘力投注相關經費資源提升大學教學及研究水準，藉以培育該國之拔尖人才，並吸引世界各國優秀之人才，以立於不敗之地。我國高等教育在這波全球化與國際化的浪潮下，必須能夠提升品質、確保績效、尋找自我的定位及發展獨特的優勢，方能在國際的舞臺上站穩腳步並邁向優質。

　　臺北醫學大學爲一醫學專業大學，秉持教學、研究及服務之使命追求進步卓越，除附醫醫院獲得國際醫院認證外，亦繼元智大學及淡江大學之後，爲國內第3所榮獲國家品質獎之大學校院，對於學校全力支持並持續將全面品質管理推展至教學、研究、服務及經營層面之付出，值得肯定，領導者的支持及將理念化爲具體行動，爲全面品質管理成功的關鍵要素，亦爲高等教育全面品質管理的重要里程碑，實爲學校開啓興革與永續發展的契機。

　　醫學教育之特殊性，除培養廣泛的醫學科學知識外，更必須富於對生命與人性關懷之社會責任，期待臺北醫學大學秉持「培育具人文修養

與社會關懷之優質醫事專業人才」之辦學精神，孕育出為國人健康善盡
職責之新世代醫事人才。

教育部高教司長

何卓飛

推薦序三

在全球競爭日益劇烈的環境中，高品質或高感質（Qualia）的產品及服務已普遍地被認爲是提高市場競爭力最重要且最有效的工具。無論是製造業、服務業，甚至於是大學教育事業，無不積極地在推動各種品質改善計畫。大家耳熟能詳的全面品質管理，即是全公司上下一貫、左右一體的品質改善活動。TQM 在空間上，跨越各業務部門與功能的界線；在時間上，涵蓋產品與服務的整個壽命週期；在執行上，整合全公司的資源；在策略上及操作面上同時努力調整、轉變組織的經營體質，全面提昇品質、生產力與競爭力，並致力於社會責任、繁榮與和諧。

品質（Quality）一辭對許多組織的領導人雖說是耳熟能詳，但大多數只是一知半解，更不必説對感質（Qualia）的認知或了解了。

品質是指對產品或服務的政策制定（Policy in）、想入（Think in）、設計入（Design in）、建構入（Build in）、推廣（Promoting）、銷售（Selling）、使用（Using）及樹立品牌（Branding）等一連串的價值鏈活動，而產生能滿足或超越顧客期望的價值。

因此，在價值鏈上的所有成員必須共同努力建構通力合作的團隊，正確掌握競爭對手的做法及預測目標市場的消費趨勢，才能比其他人更具優勢，這是領導人的職責。

在經濟繁榮時期，組織的領導人要率同所有的成員努力追求卓越，超越別人的前端；而在經濟衰退或金融海嘯來臨時期，更要提高產品或

服務的品質與感質，避免落後他人。

　　在臺北醫學大學校長邱文達博士不凡的領導能力之下，萬芳醫院、醫學大學先後獲得象徵最高榮譽的國家品質獎。就一般企業而言，已不易獲致此項榮譽，高等教育學府更是很不容易。此外，北醫大還獲得 ISO 9001、環保 14001、溫室氣體 14064-1、資訊 27001、職業安全 OHSAS 18001、社會責任 AA 1000、教育部的綠色大學、校園安全 WHO 等多項驗證。北醫大的多元發展，對教育品質的扎根非常有助益。這些努力使北醫大在短短幾年之內，校譽蒸蒸日上，已成為各醫科大學的最佳典範。

　　邱校長的品質素養原已相當深厚，他積極推動校內課程、行政、教學、研究與學習的改革，都有相當耀眼的成績，最近學校與三所附屬醫院更獲國際醫院（JCI）的認證。北醫大獲得這些成就與經驗卻不藏私，願意將《教育品質──邁向頂尖之路》一書付梓，值得各界拭目以待，並可作為推動全面品質管理、追求卓越經營績效的重要參攷。

　　這本書闡述了教育品質的概念以及國家品質獎如何在教育機構進行。臺北醫學大學不斷靠各種驗證的進行以對教育品質扎根，最後把國家品質獎的八大標準確實落實在北醫大校內，值得高等教育機構及一般企業學習。不浮誇的文字，真實的作為，前後的脈絡循次漸進。其內容包括：

- 組織管理制度的結構
- 可作為自評的參考
- 可作為其他組織推動國家品質獎的架構
- 可以找出需要改善的領域

邱校長對品質的執著以及其卓越的領導能力令人佩服，對於此書，本人很樂意鄭重推薦。

政治大學名譽教授

林英峰

推薦序四

　　自民國 79 年設立國家品質獎以來，分別於民國 84 年與 90 年，大幅修訂評審架構，以及開放予非營利性質機關團體申請，並於 92 年增設公共部門特別獎。其目的無非為國內各行各業樹立一個最高的品質典範，讓有志於推動全面品質經營的組織，有一套具體可行的參考架構及可資觀摩學習的對象，同時透過評選的程序，清楚地讓這套品質管理架構，成為企業強化體質、增強競爭力的參考標準，帶動國人高品質的風氣，並促進產業品質再升級，以提高整體國家競爭力。

　　臺北醫學大學於今年（民國 99 年）獲頒「第二十屆國家品質獎」，是第三所教育機構獲得此項殊榮，也是繼邱文達校長（第十一屆）及附屬醫院萬芳醫院（第十三屆）之後，北醫大團隊第三度獲得國家最高品質獎的肯定！自醫療卓越邁向全面卓越，為醫療教育樹立典範，榮獲國家品質獎的同時，也為國內品質觀念宣導及提倡盡一份心力。

　　被譽為「臺灣騎士救星」的邱文達校長，致力推動「騎乘機車戴安全帽的立法」十餘年，以防治頭部外傷，並透過亞太公共衛生聯盟將此政策成效推廣至亞太地區近 20 個國家，協助了各國降低機動車交通事故所造成頭部外傷比率。邱校長鑽研全面品質管理理論，並利用其所經營的機構落實全面品質管理，是醫界首位榮獲國家品質獎個人獎的得主，創設了中華民國外傷預防協會（今臺灣事故傷害預防與安全促進學會）與全國首家傷害防治學研究所、成功經營公辦民營的市立萬芳醫院及全

國第一家 BOT 的署立雙和醫院。為了追求良好的醫療品質，他在萬芳醫院建構了四大支柱：優質領導、全員參與、持續改善和顧客導向。而「滾球理論」則是他最常用來說明醫療品質管理的例子。邱校長透過學術、臨床、政策推動、醫院管理等各式各樣的管道與方式，除培育了無數醫療精英，更榮獲了教育部教育文化獎章、臺北醫學大學師鐸獎及教學創新獎！

臺北醫學大學在邱文達校長的帶領下，通過 ISO 9001：2008（國際品質管理）、ISO 14001：2004（環境安全管理）、OHSAS 18001：2007（職業安全衛生）、ISO 27001：2005（國際資訊安全品質）、ISS 國際安全學校等國際標準化驗證及認證，為國內第一個通過 AA 1000（永續發展報告書國際查證）的學校機構，並成為全臺唯一所有附屬醫院皆通過 JCI 國際醫院評鑑的醫學大學。

國品獎與全面品質管理（TQM），是以顧客需求為導向，並以能超越顧客的期待為追求的目標。臺北醫學大學醫療體系長期關注於品質管理，從領導者的決心，到全體員工的參與，完善的品質架構，是獲得肯定的重要因素。本書所闡述的各項全面品質經營的範例，正可提供社會一個卓越經營模式，做為學習的標竿。期望未來有更多的教育機構引進此項具體可行之系統化架構，為提升我國教育品質而努力。

日鑫創業投資股份有限公司董事長

盧瑞彥

推薦序五

　　國家品質獎是政府為了讓國內的企業能夠精進品質、卓越經營，禁得起國際化的考驗而特別設立的一個評量機制。這個獎項由中衛發展中心執行，已經推動了 20 年。從著力在製造業開始，逐步推進到商業服務業、醫療院所及學術機構，已然是全國、全產業在卓越經營績效展現上最被認同的國家級最高榮譽。

　　教育界對於教育品質的提升一向非常重視，近年來因為激烈的競爭環境而更受到關注，這從教育體系對 Total Quality Management（TQM）應用的蓬勃發展即可看出端倪。高等教育的普及，不僅大學教育由傳統精英教育成為普及教育，甚至鑒於研究所的設立與招生亦急遽擴充，社會大眾對於維持高等教育的水平開始擔憂，提升大學教學與研究品質的呼聲日益高漲。這不僅是我國高等教育發展必須面臨的課題，亦是當前世界先進國家高等教育發展的共同趨勢。

　　臺北醫學大學在邱校長文達先生及歷任校長高瞻遠矚的領導之下，積極推動教學品質的提升，以此為治學根基。該校從民國 83 年「導入期」到民國 88 年「扎根期」，成功改制為大學；再到民國 97 年「精進期」，學校整體校務績效提升，更在學校中建立健康醫療體系，嘉惠學生和同仁。在身為國家品質獎個人獎實踐類得主的邱校長領導之下，該校以卓越經營品質為目標，國際化水準為標竿，績效卓越有目共睹，在第 20 屆國家品質獎取得桂冠，榮獲國家品質最高榮譽的肯定。

邱校長凝聚員工共識，徹底實踐 PDCA 流程，持續全面品質精進。他領軍的團隊將多年的推動心得與手法集結於《教育品質——邁向頂尖之路》一書中，對提升教育品質的概念有深入淺出的剖析，並對如何將國家品質獎八大構面核心價值推行應用於教育機構，做了完整的介紹。期望國內各大學也能透過本書，了解國家品質獎所推動的卓越自評方式，以及對學術機構所產生的正面影響。書中第三章對於臺北醫學大學在施行各類型品質標準及評鑑所做的過程與努力，都有詳細的解說；從規劃到實施與運作、再到監督與查核、最後的維護與改進階段，皆有分述。第四章更對全方位推行全面品質管理的理念，提出具體的作法與經驗分享。相信臺北醫學大學無私的分享，對於有意往卓越品質方向邁進的機關團體而言，特別是高等教育機構，本書是不可多得的參考典範。筆者身兼中衛發展中心董事長及大學校長，樂於為之撰序，推薦給有意往卓越經營邁進的各界先進。

中國科技大學校長
中衛發展中心董事長

推薦序六

從「品質」到「卓越」——賀北醫大榮獲國家品質獎

　　臺北醫學大學創立於 1960 年，今年正好滿 50 週年。走過半個世紀，北醫大已從單獨的醫學院發展爲一校三院的國際一流醫學大學，獲得學界、醫界及社會各界的高度讚賞。在邱文達校長的卓越擘劃與領導下，更於今年獲頒第二十屆「國家品質獎」的殊榮，正是創校 50 週年的一大賀禮。

　　元智大學有幸先行，於 2003 年獲第十四屆「國家品質獎」。在此之先，學校已就各種行政程序與標準進行全面品質管理，並推行教學品保，再以此基礎，依照國家品質獎評審要求的七大構面（其後調整爲八大構面）進一步加強提升品質，終獲青睞。在準備的過程中，教職同仁全面動員，上下一心，爲學校發展的使命與願景，共同努力；組織內的每一份子凝聚爲一體，朝共同的承諾與目標前進，確實是一段難忘的經驗。

　　本書記載北醫大爭取「國家品質獎」的各項準備過程及其展現的重要成果。作者群含括校內組織的各重要成員，顯示積極向前的雄心與團結一致的精神。校務的發展，從教學、研發到行政管理各個構面，都有充分且具體的敘述，每個章節也都輔以學理基礎，再據以開展學校施政的具體策略，更重要的乃是學校的辦學理念與願景能透過各項策略無縫

式地落實在教學、研究及醫療服務，將北醫大高效率、高品質的校務發展模式充分傳遞給讀者，讓讀者深刻感受到北醫大旺盛的企圖心，並共享北醫大成功發展的喜悅與榮耀。

　　個人有幸先拜閱本書，並從中學習到北醫大推動校務許多的特色與優點，以及申請「國家品質獎」準備過程中許多寶貴的作法與經驗，獲益良多。北醫大獲頒「國家品質獎」確屬實至名歸，可喜可賀。展望未來，臺灣的高等教育正面臨許多挑戰，特別是大學已從精英教育走向普及教育，以及國際化的競爭與少子化的威脅。要在激烈的競爭中脫穎而出，大學必須有更崇高的理想與更深刻的堅持。「國家品質獎」提供一個平臺向外界展現我們對辦學品質的重視與成果，但更需要藉此榮譽大力邁向「卓越」。在教學、研究以及行政等各個構面，「卓越」才是唯一的努力目標，而且必須採用國際的標準。惟有追求「卓越」、堅持「卓越」，才能讓大學永續發展，卓然立足於國內外高教的競爭。謹在此與北醫大共同互勵互勉。

　　再次恭賀北醫大的傑出成就，並共享榮耀。

元智大學校長

推薦序七

　我國於 1990 年創立國家品質獎，旨在獎勵推行全面品質管理具有卓越績效的企業及個人，也鼓勵得獎者成為標竿學習的對象，藉以激發社會追求高品質的風氣。

　　隨著二十一世紀的來臨，全球化競爭日益激烈，卓越經營的概念再也不是企業界的專屬，甚至，孕育知識經濟的高等教育更不容忽視。但是，以教育機構的運作模式對應企業界的品質管理，卻需要經歷一段艱辛的磨和。淡江大學從 1992 年開始推動高等教育品質管理，近 20 年來以國品獎的八大構面作為經營模式，秉持著國家品質獎「全員參與，全程管理，顧客滿意，持續改善，追求卓越」的精神全力以赴，三度叩關終於問鼎成功，希望藉此提升教學、研究及行政之教育品質。

　　臺北醫學大學一直非常重視「品質」，並以國際標準化推動 ISO 9001、ISO 14001、OHSAS 18001、ISO 27001、ISO 14064、WHO 安全校園認證與 CRS 社會責任查證等，作為「教育品質」的扎根。近十年來，在競逐國家品質獎繁複的申請過程中，臺北醫學大學的成果堪稱非凡卓著。包括：邱文達校長榮獲第十一屆個人獎、萬芳醫院獲第十三屆機關團體獎與臺北醫學大學獲第二十屆機關團體獎等三度殊榮，誠屬十年有成。

　　今欣見文達校長更帶領整個團隊著書立說，書中詳細陳述北醫品質扎根行動，與國品獎八大構面核心價值及實踐的歷程，將臺北醫學大學

推行全面品質管理的經驗公諸於世，與大家分享經驗，全然發揮社會責任的承諾，堪為臺灣醫學大學的楷模，特為之序。

淡江大學校長

張家宜

序一

品質是高等教育的方針

　　世界正在快速地成長，面對瞬息萬變的社會環境，高等教育機構也必須為這個鉅變的時代做好準備。作為醫護從業人員，最重要的是獲得民眾的信賴與支持，除了崇高的光環與適當的收入外，一份對醫療專業度的堅持與回饋社會的基本態度與精神，才是醫界之所以受到社會肯定的關鍵。

　　因此，透過全面品質教育，培養出兼具人文關懷、社會服務熱忱與國際觀的醫事專業人才，便成為了臺北醫學大學辦學的使命與教育宗旨。近年來，臺北醫學大學一校三院（臺北醫學大學附設醫院、萬芳醫院、雙和醫院）在「辦學品質」與「醫療服務」皆有卓著的成效，將品質管理充分發揮，頗受社會與醫界的肯定。這些肯定的成果反應在北醫大醫療體系這幾年來所獲頒來自於政府部門與國際專業認證機構的各式獎項、爭取得到政府部門的各項研究計畫及鉅額的經費補助。對於一所沒有財團資助的私人教育機構來說，這份國際水準的成績單更是難得可貴。

　　如今臺北醫學大學擁有超過 5,500 名教職員工的醫療體系、總計 3 千餘床的三家附屬醫院、50 年來培育了 3 萬餘名醫界精英的北醫大，立足臺北精華東區。為成為放眼國際的一流醫學教育體系，品質管理更

是成爲組織向上升階的方針與關鍵因素。

　　臺北醫學大學身爲醫學高等教育機構，以「品質」與「社會責任」作爲機構發展的核心主軸，除了醫學專業教育外，也不斷自我要求，繳出專業品質認證的成績單，以全球華人醫療服務品質管控與社會責任（CSR）的先行者自許，擴大全體成員的思考及視野，以經濟財務、環境保護、社會公平三項發展爲平衡主軸，發揮潛在的團隊智慧，進行自我超越，成就卓越且永續發展目標。

　　北醫人具備堅毅不拔的特性，在每個時代都能利用最少的資源，做出最大的成果，期許臺北醫學大學一校三院所有成員能堅持品質爲最高指導方針，且無止境的精益求精，躍升爲全球華人世界最好的醫學大學邁進！

臺北醫學大學董事長

序二

追求卓越，提升競爭力——一流大學必須從注重教育品質著手

「十年樹木，百年樹人」，在二十一世紀，大學的角色與功能日趨多元化，一方面，大學教育已經由精英教育發展為大眾教育；另一方面，大學的研究功能使大學成為創新知識與發展新技術的重要機構。

因此，除了人才培育及學術研究的天職之外，大學與國家的發展、社會的進步更密切相關，且更要負起社會責任（Corporate Social Responsibility；CSR），換言之，大學已經在社會中具有舉足輕重的地位，其重要性不可言喻。

但是，近年來，我國在高等教育發展上，量的方面，不論在校院總數或學生人數均急速膨脹；然而在質的方面，卻未能並駕齊驅，同步向前邁進，值得國人重視此一嚴肅課題。

根據統計，截至 98 學年度為止，臺灣的大專院校總數已達 164 所，在學大專學生人數超過 130 萬人，成長的速度很快，而且大學錄取率近年已經突破 90%，我國已經進入普及型的大學教育時代。由此可見，臺灣的高等教育即將成為大眾教育，即所有高中畢業生皆有大專院校可以就讀。可見得未來，臺灣要面臨大專生供過於求的狀況；因此，必須從加強與重視大學教育品質著手，提升大學生專業技能與競爭力，符合社會需求，才能使受過高等教育的年輕學子發揮所長。特別是全面品質管

理（Total Quality Management；TQM）應用於大學教育或有些國外機構稱之為 TQE（Total Quality Education），在全球已行之有年，國內也有許多大學將 TQM 或 TQE 的理念引進校園，在國內大學面臨全球化競爭壓力下，全力改善加強教育品質列為首要之務，將可大幅提升我國的競爭力。

高等教育肩負專業人才培育及專業知識傳授的兩大重要任務，唯有良好的高等教育品質始能提升我國教育競爭力。然而，高等教育亦具有教的自由與學的自由，各校依其重點及特色發展。因此在這個重視學術自由的時代，唯有透過評鑑及品質保證機制始能尊重學術自主的精神，又同時能達到提升教學品質的目標。一般而言，高等教育品質架構的範圍大致包括組織領導、教學、研究、服務、教職員、設備六大類。

大學因導入第三者評鑑而引入競爭機制，導入由專家所參與的第三者評鑑機制，將評鑑結果向學生、企業及社會大眾公開，透過各種流程的評鑑，達到品質管控，進而達到全面教育品質提升的目標。

臺北醫學大學身為國內大專院校之一，近年來，不斷致力於教育品質的改善與提升，從理論到實務，一步一腳印，逐漸走出自己的路；例如積極參與國家品質獎的評選，北醫體系已獲得三項殊榮，包括邱文達校長榮獲第十一屆個人獎，萬芳醫院獲得第十三屆機關團體獎，北醫榮獲第二十屆機構團體獎。2009 年完成企業社會責任（CSR）認證，勇於承擔企業社會責任；北醫三所附設醫院通過世界最高品質的 JCI（Joint Commission International）的國際醫院評鑑。這些得來不易的成果，在國內醫學教育品質發展過程中，都是極為重要的里程碑。

為了拋磚引玉，喚起國內對大學教育品質的重視，我們特別將經驗

與心得彙集成冊，就大學教育品質提升的具體做法，呈現在社會大眾面前。希望全國大專院校攜手努力，培育具創意與領導力的傑出人才，提升國家的競爭力，以面對二十一世紀全球性的挑戰，建構世界級的一流大學。

臺北醫學大學校長

邱文達

作者簡介

邱文達

- **現職**
  - 臺北醫學大學校長
  - 臺灣外科醫學會理事長
  - 臺灣健康保險協會理事長
  - 臺灣神經創傷醫學會理事長
  - 國家衛生研究院群體健康科學研究所正研究員
- **經歷**
  - 臺北醫學大學副校長
  - 臺北醫學大學‧署立雙和醫院院長
  - 臺北醫學大學‧市立萬芳醫院院長
  - 臺北醫學大學附設醫院行政副院長
  - 臺北醫學大學傷害防治學研究所所長
  - 臺北醫學院公共衛生學系系主任
- **學歷**
  - 美國匹茲堡大學流行病學碩士、博士

許明照

- **現職**
  - 臺北醫學大學藥學系教授兼藥學院院長
- **經歷**
  - 臺北醫學院藥學系副教授
  - 臺北醫學院藥學研究所副教授
  - 臺北醫學大學藥學研究所教授
  - 臺北醫學大學藥學系教授
  - 臺北醫學大學進修推廣部主任
  - 臺北醫學大學主任祕書
- **學歷**
  - 美國俄亥俄州立大學藥學院藥學博士

- **現職**
  臺北醫學大學祕書室行政企劃組組長
- **經歷**
  臺北醫學大學祕書室
  臺北醫學大學註冊組
- **學歷**
  臺北醫學大學公共衛生學系博士班進修
  臺灣大學衛生政策與管理研究所碩士

林姿伶

- **現職**
  臺北醫學大學醫務管理學系助理教授
  臺北醫學大學環保暨安全衛生室主任
- **經歷**
  臺北醫學大學副總務長歷兼事務、營繕、保管、出納組組長
  臺北醫學大學醫學研究實驗綜合大樓暨體育館興建工程總召集人
  臺北醫學大學‧市立萬芳醫院籌處專員、醫工組組長
  天主教聖保祿醫院總務部部主任
- **學歷**
  中原大學商學院管理學博士
  臺灣大學社會科學院經濟學碩士
  中興大學法商學院企管碩士

李顯章

- **現職**
  臺北醫學大學環保暨安全衛生室技士
- **經歷**
  臺北醫學大學‧署立雙和醫院勞工安全衛生室管理師
  臺北醫學大學‧市立萬芳醫院勞工安全衛生室管理師
- **學歷**
  中央大學環境工程研究所碩士

鄭惠芬

- **現職**
  臺北醫學大學資訊長
  臺北醫學大學醫學資訊研究所助理教授
  臺北醫學大學‧市立萬芳醫院神經外科主任
  臺北醫學大學‧市立萬芳醫院資訊室主任
- **經歷**
  臺北醫學大學‧市立萬芳醫院副院長
  臺北市立忠孝醫院神經外科主任

許明暉

吳志忠

- **學歷**

  臺北醫學大學醫學科學研究所博士

  臺北醫學大學醫學資訊研究所碩士

  臺北醫學大學醫學系學士

- **現職**

  臺北醫學大學資訊處專員兼副資訊長

- **經歷**

  臺北醫學大學資訊服務中心專員兼副主任

  年代網際事業股份有限公司網路事業部工程組副理

  臺北醫學院醫學資訊暨電子計算機中心技士兼網路組組長

- **學歷**

  臺灣大學資訊工程研究所碩士

  臺灣大學數學系學士

張清泉

- **現職**

  臺北醫學大學教授兼總務長

- **經歷**

  行政院客委會諮詢委員

  臺北市客家事務委員會委員

  臺北藝術大學總務長

  臺北醫學大學學務長

- **學歷**

  美國加州州立大學教育研究所碩士

沈盛達

- **現職**

  臺北醫學大學‧市立萬芳醫院總務室主任兼通識中心講師

- **經歷**

  國寶集團營建部經理

  國寶集團工務部經理

  臺北醫學大學總務處營繕組組長

- **學歷**

  中原大學設計學院博士班

  淡江大學土木工程研究所碩士

鄭　綺

- **現職**

  臺北醫學大學護理學研究所教授

- **經歷**

  臺北醫學大學學務長

  臺北醫學大學護理學院代理院長

  臺北醫學大學護理學研究所所長

  臺北醫學大學護理學系系主任

  臺北醫學大學‧市立萬芳醫院護理部副主任

- **學歷**

  美國羅斯大學護理科學博士

  臺灣大學護理學研究所碩士

  臺北醫學大學護理學系學士

呂國雄

- **現職**

  臺北醫學大學軍訓室主任

- **經歷**

  軍報社新聞組組長、總編輯、教官、教育部祕書室新聞官

- **學歷**

  國防大學政戰學院新聞研究所碩士

  國防大學政戰學院新聞學系學士

葉　濤

- **現職**

  臺北醫學大學軍訓室組員

- **經歷**

  國防部電訊發展室電訊官、行政官、後勤參謀官、採購參謀官、人事參謀官

- **學歷**

  陸軍通信學校正規班八十一年班

  陸軍軍官學校通信電子七十九年班

黃琡雅

- **現職**

  臺北醫學大學‧署立雙和醫院院長室特助

  財團法人醫院評鑑暨醫療品質策進會評審委員

  海南省醫院評鑑暨醫院質量監管中心高級專家

  臺灣亞太健康管理協會副理事長

  臺灣健康自然療法研究協會常務監事

- **經歷**

  財團法人張錦文基金會執行長

亞洲醫院聯盟祕書長

臺灣醫院協會祕書長

中華民國醫務管理學會祕書長

- **學歷**

中國醫藥學院醫務管理學研究所碩士

張武修

- **現職**

臺北醫學大學公共衛生暨營養學院公衛所教授

- **經歷**

行政院衛生署國際合作處處長衛生署顧問駐歐代表

- **學歷**

哈佛大學公共碩士癌症生物博士

趙振瑞

- **現職**

臺北醫學大學國際事務處副國際長

臺北醫學大學保健營養學系教授

- **經歷**

臺北醫學大學保健營養學系副教授

臺北醫學大學國際學術交流中心主任

臺北醫學大學課務組組長

- **學歷**

美國俄亥俄州立大學人體營養與食品管理系博士

林建煌

- **現職**

臺北醫學大學教務長

- **經歷**

臺北醫學大學研究發展處發長

臺北醫學大學醫學科學研究所教授兼所長

臺北醫學大學醫學呼吸治療學系主任

- **學歷**

臺灣大學醫學院藥理學研究所博士

臺灣大學醫學院藥理學研究所碩士

林文琪

- **現職**

  臺北醫學大學通識教育中心副教授兼主任

- **經歷**

  東南技術學院專任教授

  成功大學公衛所博士後研究

  臺北大學中文系兼任教授

  華梵大學美術系兼任教授

  元智大學通識教育中心兼任教授

- **學歷**

  中國文化大學哲學研究所哲學博士

  中央大學哲學研究所哲學碩士

劉得任

- **現職**

  臺北醫學大學研究發展處研發長

  臺北醫學大學生物醫學材料暨工程所教授

- **經歷**

  臺北醫學大學學生事務處學務長

  臺北醫學大學生物醫學材料暨工程所教授

  臺北醫學大學生物醫學材料暨工程所副教授

  臺北醫學大學研究發展處產學育成中心主任

- **學歷**

  中央大學化工研究所博士

施純明

- **現職**

  臺北醫學大學醫學系生化學科教授兼學科主任

- **經歷**

  臺北醫學大學生化學科副教授兼學科主任

  臺北醫學大學研究發展處產學育成營運中心主任

  臺北醫學大學研究發展處育成中心主任

- **學歷**

  國立陽明大學生物化學研究所博士

黃惠雯

- **現職**

  臺北醫學大學產學育成營運中心副主任

- **經歷**

  進階生技資深經理

  微晶生技行銷副總

經濟部高科技跨領域人才培訓國外班

騰達行企業產品經理

中央研究院分子生物研究所研究助理

- **學歷**

東吳大學微生物系學士

徐嫚謙

- **現職**

臺北醫學大學產學育成營運中心資深經理

- **經歷**

臺北醫學大學研究發展處產學育成營運中心專案經理

臺北行政執行處執行書記官

臺北醫學大學研究發展處產學合作組組員

巨群專利商標法律事務所專利工程師

- **學歷**

臺灣大學食品科技研究所碩士

東海大學食品科學系學士

楊良友

- **現職**

臺北醫學大學國際事務處校際合作組組長

臺北醫學大學附設醫院神經科學研究中心主任

臺北醫學大學醫學系生理學科副教授

- **經歷**

美國加州大學洛杉磯分校博士後研究

臺北醫學大學醫學系生理學科助理教授

- **學歷**

美國密西根州立大學神經科學暨動物學博士

臺灣大學獸醫學系學士

陳大樑

- **現職**

臺北醫學大學副校長

臺北醫學大學醫學系麻醉學科教授兼主任

- **經歷**

臺灣大學醫學系麻醉學科心臟胸腔麻醉科主任

臺灣大學醫學系麻醉學科專任副教授

臺北醫學大學主任祕書

臺北醫學大學醫學系系主任

臺北市立聯合醫院副院長暨中興院區院長

臺北醫學大學教務長

- **學歷**

  臺灣大學醫學院臨床醫學研究所博士

  美國邁阿密大學解剖細胞生理研究所研究員

曾瑋莉

- **現職**

  臺北醫學大學教學資源中心主任

  臺北醫學大學通識教育中心兼任講師
- **經歷**

  立法委員助理

  光武技術學院生涯輔導老師（現北臺灣科大）

  臺北醫學大學校友中心組員、祕書室

  臺北醫學大學教務處註冊組組長
- **學歷**

  臺北醫學大學醫學研究所碩士

馬紋苓

- **現職**

  臺北醫學大學研究發展處研究推動中心專員
- **經歷**

  臺北醫學大學研究發展處企劃組、研究管理組組長

  臺北醫學大學祕書室組員

  臺北醫學大學總務處事務組管理員

  臺北醫學大學學務處課外活動組事務員
- **學歷**

  臺北醫學大學醫務管理學研究所碩士

溫珮君

- **現職**

  臺北醫學大學學生事務處生活輔導組組長
- **經歷**

  天主教達人女子高級中學生活輔導教師

  臺北醫學大學學生事務處生活輔導組組員
- **學歷**

  東吳大學法律系學士

目錄

第四章　│　國家品質獎八大構面核心價值及實踐——以臺北醫學大學推行全面品質管理為例 ⋯⋯⋯⋯⋯⋯ *63*

黃昭文

- **現職**
  臺北醫學大學學生事務處生活輔導組組員
- **經歷**
  臺北醫學大學學生事務處課外活動指導組組員
- **學歷**
  輔仁大學食品營養學系學士

劉順鎔

- **現職**
  臺北醫學大學學生事務處課外活動指導組組員
- **經歷**
  欣興電子客服工程師
  奇美電子技術服務工程師
- **學歷**
  海洋大學通訊與導航所碩士

蘇慶華

- **現職**
  臺北醫學大學副校長
  臺北醫學大學醫學系生物免疫學科教授兼主任
- **經歷**
  臺北醫學大學醫學系微生物免疫學科主任
  臺北醫學大學主任祕書
  臺北醫學大學圖書館館長
  臺北醫學大學總務長
  臺北醫學大學生物醫學材料研究所教授兼所長
- **學歷**
  臺灣大學農化研究所博士

吳信義

- **現職**
  臺北醫學大學祕書室副主任祕書
- **經歷**
  臺大醫院組員
  臺北醫學大學祕書室祕書
  臺北醫學大學附設醫院祕書
  臺北醫學大學董事會祕書
  臺北醫學大學人事室主任
- **學歷**
  中國醫藥大學醫管所碩士

臺灣大學公衛系學士

陳淑瑋

- **現職**

   臺北醫學大學人事室組員

- **經歷**

   臺北醫學大學附設醫院健檢承辦人員

   臺北醫學大學‧市立萬芳醫院人事室組員

   臺北醫學大學人事室組員

- **學歷**

   美國加州大學洛杉磯分校公衛碩士

李友專

- **現職**

   臺北醫學大學副校長

   臺北醫學大學醫學資訊研究所教授

   臺北醫學大學‧市立萬芳醫院皮膚科主治醫師

- **經歷**

   臺北榮民總醫院皮膚科主治醫師

   臺北醫學大學資訊處主任

   臺北醫學大學‧市立萬芳醫院副院長

- **學歷**

   美國猶他大學醫學資訊學博士

萬序恬

- **現職**

   臺北醫學大學資訊處教學企劃組組長

- **經歷**

   財團法人恩主公醫院藥劑師

- **學歷**

   美國克萊頓大學電腦科學碩士

王玉婷

- **現職**

   臺北醫學大學資訊處事務員兼校務組組長

- **經歷**

   臺中信富軟體開發研發部門系統設計員

   臺南合銳軟體公司系統分析師

   空軍總部通資署資訊中心軟體發展組資訊系統設計員

- **學歷**

   靜宜大學資訊管理研究所碩士

朝陽科技大學資訊管理系學士

林恩德

- **現職**

  臺北醫學大學資訊處技正兼網路組組長
- **經歷**

  臺北醫學大學資訊服務中心技正兼網路組組長

  臺北醫學大學醫學資訊暨電子計算機中心技士兼校務系統組組長

  臺北醫學大學醫事技術學系助教
- **學歷**

  臺北醫學大學醫學資訊研究所碩士

  中國文化大學資訊科學系學士

李佩珊

- **現職**

  臺北醫學大學資訊處資訊支援組組長
- **經歷**

  臺北醫學大學資訊處資訊處網路組組員

  臺北醫學大學醫學資訊研究所技士
- **學歷**

  臺北醫學大學醫學資訊研究所碩士

  臺北醫學大學保健營養學系學士

蔡宛眞

- **現職**

  臺北醫學大學總務處出納組組長
- **經歷**

  臺北醫學大學祕書室組員

  臺北醫學大學‧市立萬芳醫院祕書室組長

  臺北醫學大學‧市立萬芳醫院醫教會組員
- **學歷**

  臺北醫學大學傷害防治學研究所碩士

  臺北醫學大學公衛系學士

第一章　教育品質的概念

　　近年來受少子化及學校數增多的影響，校際間競爭激烈，教育品質正是影響競爭力的一項重要因素，如何提升教育品質是學校經營的首要工作。教是「教導」，育是「培育」；教育就是有經驗者，要將其既有的經驗傳承給後續的人。品質則是滿足顧客符合需求的程度。因此，雖然教育品質很難有明確的定義，但可解釋為透過教育體系培養的學生，其知識、能力與道德符合社會期望的程度。教育品質不僅可以對學校整體發展有所提升，更可提升個人學習目標與人生目標。無論是課程面、行政支援面、教師教學面或學生學習面，全面性的教育品質思考及提升才是教育品質的真義。

表 1-1　民國 80～98 年臺灣出生人數統計表

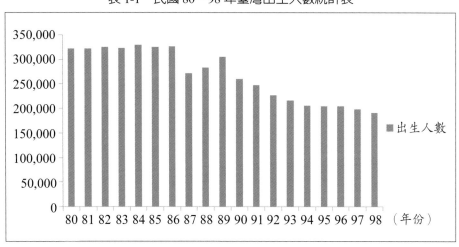

資料來源：內政部戶政司。

表 1-2　民國 80～98 學年度臺灣大專校院校數統計表

資料來源：教育部統計處。

　　全面品質管理是近年來受到各類型組織的重視與普通採行，用以提升品質的多層面管理方法。將全面品質管理的理念應用於教育領域裡即是全面品質教育，將學生視為顧客及產品，要滿足其需求，從服務的角度看待學校的一切運作，強調學校要建立一套品質體系，以持續改進的精神提高教育品質。學校教育品質代表學校整體組織運作的結果，包括學校行政系統與教學系統的相互配合。而學校組織的運作與改進，則屬於學校組織領導者的責任，學校組織的領導者如何在組織變革中維持一定的教育品質，則是近年來學校教育工作者所努力追求的目標。

　　高等教育肩負專業人才培育及專業知識傳授的兩大重要任務，唯有良好的高等教育品質始能提升我國教育競爭力。然而，高等教育亦具有教的自由與學的自由，各校依其重點及特色發展。因此在這重視學術自由的時代，唯有透過評鑑及品質保證機制始能尊重學術自主的精神，又同時能達到提升教學品質的目標。一般而言，高等教育品質架構的範圍大致包括以下六大類：

1. **組織領導**：組織概況、組織治理、管理系統、策略管理、政策管理及品質管理系統。

2. **教學**：教育策略、課程設計、教學評量及國際化。

3. **研究**：研究策略、研究管理、產學合作、專利及商品化。

4. **服務**：培養優質公民、專業訓練及社會服務。

5. **教職員**：教職員管理、財務管理及公共關係。

6. **設備**：圖書資源、空間管理、硬體資源、實驗設備及資訊系統。

　　大學因導入第三者評鑑而引入競爭機制，導入由專家所參與的第三者評鑑機制，將評鑑結果向學生、企業及社會大眾公開，透過各種流程的評鑑，達到品質管控，進而達到全面教育品質提升的目標。

　　教育部近幾年亦致力於推展各大學提升教育品質，98 年度高等教育三大重點：㈠品質保證；㈡績效責任；㈢永續發展。透過自我評鑑及外部評鑑達到品質精進及品質保證的目的。並期望透過建立公平客觀的評鑑制度，逐步提升我國高等教育品質，彰顯教育績效，爲國家永續發展奠定良好基礎。

品質保證	績效責任	永續發展
1. 提升學生素質 2. 合理調整總量 3. 大學卓越化 　　教卓 98-102 年 　　頂尖 100-104 年 4. 大學國際化 5. 大學評鑑 　　校務評鑑 100 年	1. 私校法子法（28案） 2. 私校獎補助 3. 產學合作 4. 校務基金 5. 就學貸款 6. 短期促進就業 　　——畢業生流向調查	1. 永續發展委員會 2. 檢討升學制度 3. 陸生來臺就學及大陸學歷採認 4. 轉型發展

圖 1-1　98 年度教育部高等教育重點

第二章　國家品質獎於教育機構的推行

一、前言

　　各國鑑於經濟情勢及社會環境的快速轉變，所有產業及組織應具有國際市場的競爭力及追求高品質的決心，均設立有各國最高的品質獎項——國家品質獎。各國的品質獎項雖依各國風土民情的不同有部分內涵或評分上的差異，但總體精神是一致的，就是期望各企業組織透過卓越自評的模式，樹立一個最高的品質管理典範，讓企業界能夠觀摩學習，同時透過評選的過程，清楚的將這套品質管理典範，作為企業強化體質及增加競爭力的指標。

二、各國品質獎的評分內涵

㈠歐洲國家品質獎

　　「歐洲國家品質獎」全名為 European Foundation for Quality Management（EFQM）Excellence Award，成立於 1991 年，目的是以全面品質觀念提升所有歐洲公司與組織的競爭力。其評分內涵為：

　　1. 領導（Leadership）。

　　2. 政策與策略（Policy and Strategy）。

　　3. 人員（People）。

　　4. 夥伴與資源（Partnerships and Resources）。

　　5. 流程（Processes）。

6. 顧客成果（Customer Results）。

7. 人員成果（People Results）。

8. 社會成果（Society Results）。

9. 經營績效（Key Performance Results）。

㈡美國國家品質獎

「美國國家品質獎」全名為 The Malcolm Baldrige National Quality Award（MBNQA），成立於 1987 年，目的是提供以 TQM 為主的企業組織基本的評估標準，以強化組織結構，進而提升產品與服務的國際競爭力。其評分內涵為：

1. 領導（Leadership）。

2. 策略規劃（Strategic Planning）。

3. 顧客與市場導向（Customer and Market Focus）。

4. 測量、分析與知識管理（Measurement, Analysis, and Knowledge Management）。

5. 人力資源導向（Human Resource Focus）。

6. 流程管理（Process Management）。

7. 經營績效（Business Results）。

美國國家品質獎並依不同的產業類別而有所區隔，總計設有企業類（Manufacturing）、中小企業類（Small Business）、健康照護類（Health Care）、非營利類（Nonprofit／Government）、教育類（Education）及服務類（Service）等，亦是唯一將教育類獨立分類的國家品質獎。圖 2-1 為教育類各評估標準的關係架構圖。

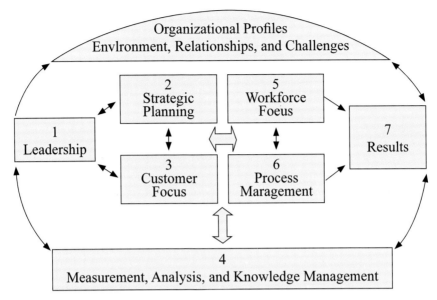

圖 2-1 美國國家品質獎教育類各評估標準的關係架構圖

㊂**日本品質獎**

「日本品質獎」全名為 Japan Quality Assurance Organization（JQA），成立於 1951 年，目的是鼓勵企業界採取 TQM 的方法從事品質改進活動。其評分內涵為：

1. 經營團隊的領導風格（Management Vision and Leadership）。

2. 顧客、市場的了解和對應（Understanding and Interaction with Customers and Markets）。

3. 策略的訂定及展開（Mapping Out and Deplaying Strategies）。

4. 人力資源發展及提升（Human Resource Development and Learning Environment）。

5. 流程管理（Process Management）。

6. 情報管理（Sharing and Utilization Information）。

7. 活動成果（Results of Enterprise Activities）。

8. 顧客滿意（Customer Satisfaction）。

三、臺灣國家品質獎的評分內涵

臺灣之國家品質獎起源於民國 77 年推動全面提高產品品質計畫，民國 79 年（1990）設立第一屆，自 90 年起增列醫療、教育、金融、保險、財團法人等行業申請，至今剛好屆滿 20 週年。

國家品質獎設獎目的有四：⑴獎勵推行全面品質管理有傑出成效者；⑵樹立學習楷模；⑶提升整體品質水準；及⑷建立優良組織形象。目前獎別共計分為四類：⑴企業獎；⑵中小企業獎；⑶機關團體獎；及⑷個人獎。教育機構只要符合申請資格，均可申請機關團體組類別。

機關團體組的評審方式共分為四大階段：⑴資格審查。⑵初審作業審查：再分為書面評審、類組會議及類組召集人聯席會議。⑶複審作業審查：再分為現場評審、類組召集人聯席會議及複審會議。⑷決審：召開國家品質獎評審委員會會議。

機關團體組的評審標準共分為八大構面：⑴第一構面：領導與經營理念，權重 160 分。⑵第二構面：策略管理，權重 90 分。⑶第三構面：研發與創新，權重 90 分。⑷第四構面：顧客與市場發展，權重 100 分。⑸第五構面：人力資源與知識管理，權重 130 分。⑹第六構面：資訊策略、應用與管理，權重 90 分。⑺第七構面：流程（過程）管理，權重 90 分。⑻第八構面：經營績效，權重 250 分。

表 2-1　企業獎、中小企業獎及機關團體獎評審標準

評審項目	權重	評審項目	權重
1.　領導與經營理念	160	5.　人力資源與知識管理	130
1.1 經營理念與價值觀		5.1 人力資源規劃	
1.2 組織使命與願景		5.2 人力資源開發	
1.3 高階經營層的領導能力		5.3 人力資源運用	
1.4 全面品質文化的塑造		5.4 員工關係管理	
1.5 社會責任		5.5 知識管理	
2.　策略管理	90	6.　資訊策略、應用與管理	90
2.1 整體策略規劃		6.1 資訊策略規劃	
2.2 經營模式		6.2 網路應用	
2.3 策略執行與改進		6.3 資訊應用	
3.　研發與創新	90	7.　流程（過程）管理	90
3.1 研發與創新策略及流程		7.1 產品流程（過程）管理	
3.2 研發與創新的投入		7.2 支援性活動管理	
3.3 研發與創新成果衡量		7.3 跨組織關係管理	
4.　顧客與市場發展	100	8.　經營績效	250
4.1 產品（服務）與市場策略		8.1 顧客滿意度	
4.2 顧客與商情管理		8.2 市場發展績效	
4.3 顧客關係管理		8.3 財務績效	
		8.4 人力資源發展績效	
		8.5 資訊管理績效	
		8.6 流程管理績效	
		8.7 創新及核心競爭力績效	
		8.8 社會評價（品質榮譽）	

　　臺北醫學大學醫療體系很榮幸共獲三項殊榮：邱文達校長榮獲第十一屆個人獎、臺北市立萬芳醫院榮獲第十三屆機關團體獎、臺北醫學大學榮獲第二十屆機關團體獎。透過國家品質獎嚴謹的申請過程，企業真正體認到它是持續改善、持續變革與持續學習的過程，尤其是從申請、審查到公布長達近一年的過程，整個企業體要全員參與，才能達到這種變革的習慣

性。國家品質獎的評審標準有八大構面，它本身就是一個系統，即投入、執行（過程），以及經營績效（產出），彼此相互關連，而非各自獨立。透過組織內的卓越自評、領導者的承諾、全員參與及投入，再加上外部評審的指導及建議，企業逐步朝向全面品質管理的目標邁進，如此才真正符合國品獎設立的精神──品質提升、精益求精、超越現狀及臻於完美。

第三章　品質扎根行動──國際標準化及多元發展

第一節　ISO 9001：2008 驗證

一、何謂 ISO 9001 國際標準

國際標準組織（International Organization for Standardization；ISO）創立於 1946 年，總部設於瑞士日內瓦，係由各國標準團體所組成的世界性聯盟，成立宗旨為促進國際合作，發展共同工業標準。其中 ISO 國際標準組織為建立全球共通的品質管理標準，由 ISO/TC 176 品質保證技術委員會於 1987 年制定初版 ISO 9001 系列國際品質標準，1994 年進行第一次修正，2000 年 12 月再次公布新版標準。ISO 9001 系列標準問世後，世界各國中有超過九十多個國家將它轉訂為國家標準。目前全世界約有三十多萬家企業取得 ISO 之驗證。

ISO 9001 國際標準包含了下列幾項特色：

1. 包容性：不論企業類型、規模、國際化或本土化都可適用。
2. 自主性：企業可自行決定如何滿足標準要求，使管理系統真正有效。
3. 完整性：管理制度之落實，需要全部門、各階層的實際參與。
4. 客觀性：國際上品質標準的認可，且有一定的驗證規定。
5. 預防性：更有效的管理，能降低成本，甚至能預防錯誤之再發生。

導入 ISO 9001 國際標準的益處：

1. 增強顧客滿意度，改善產品及服務的品質，建立有效品質保證方案。

2. 減少各種浪費、無效的重複勞動及出錯機會，節約成本，提升效率。

3. 塑造全員共識，保持組織內部持續改進，奠定企業長期經營契機。

4. 提供跨部門溝通與合作的作業模式，使服務流程具相容的通用性。

5. 提供監測品質標準及徹底解決問題的模式，以示對品質承諾的證明。

6. 改善員工的健康和安全，激發員工的工作熱情，提高工作效率。

7. 建立標準作業流程（SOP），轉化爲制度化管理。

綜合歸納 ISO 9001 國際標準之精神，是要求以標準化的方式，將企業的作業流程書面化，建立服務管理所需之標準化，以防止「產品」從設計到售後服務的各階段及「服務」提供的各項流程中有不良的狀況產生。進而維持「產品」與「服務」之品質，並取得顧客的滿意與信賴。一個公司內有著許多功能不同的部門，每個部門都有存在的價值與必要，但不同部門對於品質的定義與認知可能有所差異，此時，必須藉著有效的溝通才能有效整合各部門，共同朝既定目標與策略邁進。

二、臺北醫學大學申請 ISO 9001 之經驗

本校自 1994 年起即將全面品質管理之理念導入學校運作，1998 年成立品質管理委員會，將品質管理納爲學校重要工作指標，並成立 ISO 品質小組，於 2002 年通過 ISO 9001：2002 驗證。之後歷經改制大學、組織重整等重大校務改革，自 2007 年起重新導入新版 ISO 9001 國際標準，並於 2008 年 12 月通過 ISO 9001：2008 國際驗證。

㈠品質政策與品質標語

本校經過全體教職員工票選一致通過品質標語為：「品質是北醫卓越頂尖的保證」。並通過品質政策的宣導，讓全體同仁誠摯的參與，提供符合利益關係者的品質要求、亮麗的績效目標，為臺北醫學大學一致努力的方向。期許全體同仁抱持永恆不變的服務態度，以滿足利益關係者要求，持續性改善教育品質管理系統之有效性，以鞏固與利益關係者之親密關係。期許以最佳的效率，完成品質管理的進步與穩定，超越利益關係者期望為目標，並邁向全面品質管理的經營之路。

㈡成立教育品質中心

完善的規劃須有明確權責架構的組織及單位才能執行，本校經過共識營的全員討論後，成立臺北醫學大學教育品質中心，致力於本校教學、研究、服務、醫療、國際化及永續等品質的提升及深化。各單位依自己所屬權責分工合作，並訂定年度專案目標，ISO 9001 即是第一個行政部分的年度挑戰，建全的組織、明確的分工、完善的標準化，正是提升品質最基本亦最重要的基礎。

㈢建置品質管制系統

資訊化一直是本校配合無紙化及永續環保的重要政策，因此建置一個全校性，且未來各 ISO 標準均可適用的品質管制系統平臺是非常重要的。本校以原先之法規彙編系統為基礎，結合各單位制訂的程序及表單，並配合各單位的工作權責，建置本校品質管制系統。並依閱覽及上傳等不同需求，設定各使用者的權限，讓此系統不只可以作為文件的管制平臺，亦可作為單位內溝通及內部控管的平臺。

㈣內部稽核及持續改進

稽核的精神在於發現缺失後的處置及持續改進；內部稽核更是透過內部的自我檢視發現問題，在外部評鑑及問題發生前提早預防。標準作業程

序涉及無數法規、文件、表單及記錄文件，但北醫同仁對品質的堅持，在此次 ISO 9001 內部稽核中全部展現，為期近一個月的內部稽核，全部行政單位全面稽核，不以抽查的方式，而採取全面普查的方式逐一盤查，期望以最嚴格的標準來進行。甚至對不符合報告立即開會檢討、訂定改善計畫及預計完成時程，全員參與及持續改進的精神值得鼓勵。

當「品質是北醫卓越頂尖的保證」成為北醫的品質標語時，所有的北醫人即明確知道，「品質」是北醫最基本，但亦必須永遠堅持的目標。也許 ISO 標準在國際間已通行數十年且無數機構通過驗證，但北醫相信一步一腳印的堅持及努力，從最基本的 ISO 9001 再出發，全員參與及持續改進，奠定了北醫之後於一年內順利通過 ISO 14001、OHSAS 18001、ISO 27001、ISO 14064 等驗證的基礎。

第二節　ISO 14001：2004 驗證

一、國際間推動 ISO 14000 環境管理系統之過程與現況

工業革命以來，企業為追求經濟成長大量投入能源生產製造產品，然而生產過程不僅消耗能源，亦衍生空氣汙染物、汙廢水、有害廢棄物汙染周界環境。且產品透過經濟貿易分散各國，廢棄後亦造成當地環境汙染。近年來全球競爭日愈激劇，加上環保法規愈趨嚴謹，利害相關者對企業及產品的環保要求也日益殷切，對於汙染物變相的遷移，其加重環境與生態破壞，使得環保問題已經不再是地方性、區域性的議題。

1990 年初，歐盟開始提倡「環境管理與稽核計畫」的概念，國際間為了促使企業能有效運用資源、進而保護環境，陸續發展出可以結合企業管理理念，並兼顧經濟與環境效益之環境管理策略。1992 年聯合國地球高峰會議後，國際標準組織（International Organization for Standardization；ISO）委由 207 技術委員會（Technical committee；

TC），彙整全球環境管理資訊，負責「環境管理系統」（environmental management system）標準建立與制定，進而使它成為國際標準化，以符合聯合國提倡之環境「持續改善」和「永續發展」之目標。

於 1996 年初秋，ISO 頒布環境管理系統系列標準（ISO 14000），其中環境管理系統驗證規範（ISO 14001）是 ISO 14000 中針對機構或組織環境管理能力最為相關之驗證規範。為了維護 ISO 14001 認證與驗證的公正性、權威性、可靠性，各國積極發展認證與驗證制度，企業間更以驗證通過換取歐美經貿通關之鑰而蔚為風潮。環境管理系統 ISO 14001 驗證規範之基本管理模式，乃採用戴明管理循環模式，將管理實務分為 Plan-Do-Check-Action（P-D-C-A）四大區塊，區塊間環環相扣以協助企業有效的推動與展開環境管理。系統之管理手法以建立政策及目標，著手規劃、執行與運作，再加以稽核策略進行查核運作有效性，以矯正措施進行改善與調整，產生組織所期待之成果與績效，並符合原設立之政策與目標。

我國產業以外銷為導向，企業藉由推行 ISO 14001 可建立規範架構，掌握機構可能面臨之直接或間接環境議題，透過系統化管理不僅達到有效控制環境汙染，更可提高管理績效。且經由第三者驗證，更可減少產品於國際行銷時因環保議題引起貿易障礙。故我國政府推動 ISO 14001 之初，即由經濟部工業局、中央標準局、環保署、工業技術研究院及民間部門共同成立工作小組並著手推動，整合並制定國家標準，建立認證與驗證體系，鼓勵並輔導國內各行業企業參與，以提升產品競爭力。在多方努力推廣下，2004 年我國通過 ISO 14001 的廠商家數已是世界排名第 11 位，為亞洲區的第 3 位，截至 2009 年 11 月國內已達 1659 家（經濟部工業局──產業永續發展整合網）通過驗證，仍於亞洲區名列前茅。

二、本校推動 ISO 14000 環境管理系統之過程與現況

　　近年來本校致力於建立符合環境保護觀念的綠色大學環境教育運動，在邱文達校長的決心下，透過學校的教學研究及行政資源，結合學生發動建立綠色北醫，由上而下，亦或自下而上，形成縱向核心組織，讓臺北醫大校園成為在地學習的教育基地，透過環境教育的設計與實施，使資源的耗量降至最低、廢棄物等汙染量減至最少，目的在建立學生良好環保習慣，進而促進校園綠色環保永續發展。

　　為將永續發展的精神融入校務發展、教育研究、課程規劃、人格培育當中，本校成立「綠色大學推動委員會」，由校長擔任主任委員，指導規劃校園永續發展之方向，結合教務、學務、總務、環安等相關單位與學生會等 24 個學生社團領袖成立「北醫綠活聯盟」，以成為頂尖綠色臺北醫學大學為目標，積極與國際接軌。

　　在永續發展實際執行上，2008 年北醫大透過 ISO 9001 品質管理系統驗證建立文件管理，讓校內核心流程與程序標準化，以一步一腳印的謹慎落實態度，逐步踏實完成全校性 ISO 14001：2004 環境管理系統驗證。

　　而整體 ISO 14001 環境管理系統建立，可分三個重要時期。

㈠規劃期

　　成立推動 ISO 14001 驗證的推動小組，並建置單位環安衛窗口。推動小組主要成員單位為祕書室、總務處、環保暨安全衛生室，其任務為維持系統架構完整性，並草擬環境政策，將相關資料加以文件化，並制定全校性作業手冊及環境保護相關措施擬訂與實行，使得內部人員有一套作業標準可供遵循。

　　而環安衛窗口建置，由各單位指派專人負責，可區分為行政與學術單位，全校共計 48 單位建置完成並全程參與，其主要任務為強化管理系統之組織內上下縱向連結，除了讓環境管理系統之相關政策目標下達、宣導

與單位執行、回饋外，也讓各單位對環境考量相關議題適時上傳。

㈡執行期

　　雖然有了嚴謹推動小組與健全的環安衛窗口，然而環境管理系統畢竟是個新的系統架構，對於校內原本存在的環保作業如何與管理系統間相互結合，則必須透過完善的教育訓練。為使單位了解環境管理系統 ISO 14001 之架構與條文、環境考量面評估執行方法、內外部環安法規查核要點、稽核技巧等，開辦時期共計辦理九場次的管理系統大型教育訓練，參與人員逾 600 人次。除了課堂式的教育訓練外，本校更著重與現場作業實務結合，適時規劃與安排現場輔導機制則是非常重要。如環境考量面評估個別輔導 31 場次；法規查核執行輔導 6 場次；內部稽核輔導 14 場次。

　　在全校環境考量面現況清查部分，對於直接與間接的環境影響都需要加以評估，例如已控制與未控制的廢汙水、生物醫療廢棄物或其他廢棄物、毒化物使用、可回收資源，對河川、空氣、土壤的汙染，對天然資源及電力的消耗等皆在盤查範疇內。此部分是環境管理系統的重點，也與系統的嚴謹度相關連，如何從單位的環境考量面中鑑別出重大環境衝擊，酌以管理機制、方案控制、監督量測、自動檢查等，使得環境管理系統能夠環環相扣，秉持「有發現就有改善」的精神持續改善，逐步向上提升。透過環安衛窗口於各單位內多次縝密探討多方環境考量面後，於首年度共計鑑別出 717 項環境考量面因子，其中具重大衝擊者須列入方案管理者有 50 項，訂定環安衛目標標的及改善方案共 16 項。

　　組織在制定環境政策和目標時，法令及其他相關規範的考量是必須的，近年環保意識高漲，我國的環保相關法規也出現大幅度的增修，對於新增或修訂的法規勢必將對組織實行環境管理系統有顯著的影響，故對規範組織之相關環保法規收集與監控是刻不容緩的。本校於法規鑑別及查核執行，委由管理單位進行，主要為總務處、學生事務處、環保暨安全衛生

室為主軸，共完成國內政府相關環安衛法規 75 項，並藉由品質管制系統傳達給相關單位。

當系統已正常運作後，為確認環保政策是否適當與有效的執行，則需要進行相關稽核程序，此時可採定期與不定期內部稽核方式，對整個環境管理系統進行查核。當發現查核不符合時，則必須提出糾正與矯正之不符合報告單，以利對不符合事項的改進情形定期追蹤，達到持續改善的精神。對於第一次的管理系統內部稽核，本校以輔導員陪同內部稽核員至單位進行雙向輔導機制，使內稽人員與受稽單位同時接受雙重角色輔導，而首年度內部稽核共查核 84 份文件，開出 6 份不符合報告書，並於兩週內皆追蹤並完成矯正與預防對策。

㈢**驗證期**

當完成上述程序後，選擇信譽良好的認證機構進行驗證。通過其驗證後，即取得 ISO 14001 之環境管理證書。

在如此的共識與努力下，本校 2008 年陸續通過 ISO 9001，2008 年獲臺北市「綠色採購」標竿單位；2009 年 5 月通過全校 ISO 14001 驗證，也因為這樣的努力，2009 年 5 月 1 日臺北醫學大學獲選為教育部自全國 160 餘所大專院校中徵選出的 13 所示範綠色大學之一，同年邱文達校長 6 月 4 日出席教育部主辦的「中華民國綠色大學示範學校簽署塔樂禮宣言記者會」，與另外 12 所綠色大學校長一起簽署塔樂禮宣言，與世界 378 所頂尖綠色大學同步肩負世界公民及國際頂尖大學之責任，這是對臺北醫學大學推動綠色大學所作努力的肯定，也是北醫人的榮耀。

圖 3-1 全校區通過 ISO 14001：2004 與 OHSAS 18001：2007 雙驗證

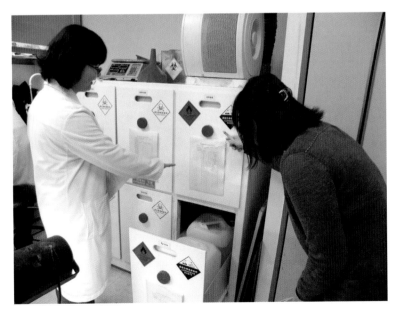

圖 3-2 病理學科於內部稽核時，接受稽核員查證化學廢液暫 存與傾倒紀錄

第三節　OHSAS 18001：2007 **驗證**

一、國際間推動 OHSAS 18001 職業安全衛生管理系統發展沿革與現況

　　隨著全球經濟的起飛，工業發展迅速，生產科技日新月異下造就多元的工作型態與模式，使得工作場所的危害更爲複雜且難以掌握；復以對生命與人文思潮的銳變，勞動條件與人權意識的提升，使得職業安全衛生管理的觀念逐漸被許多學者及國際組織相繼提出，認爲職業安全衛生管理應是所有事業單位的基本職責與普世價值，而非僅是爲了提升事業單位外在形象的工具之一（林佳谷、陳叡瑜，2006）。

　　1980 年代，英國因國內小型企業人力資源缺乏，常忽略安全衛生管理而導致意外事故發生，因此英國標準協會（British Standard Institute：BSI）決定擬訂一個簡單又有效的安全衛生管理制度指南，使企業容易了解與遵從。1996 年 11 月 BSI 正式公布國際上第一個職業安全衛生管理系統——BS 8800 職業安全衛生管理系統指引（BS 8800 Guide to Occupational Health and Safety Management System），此爲全球職業安全衛生管理系統概念之發展先驅。

　　BS 8800 提供企業兩種建構組織內安全衛生管理方法，第一種方法爲依據英國職業安全衛生檢查署（HSE）出版的指南：《成功的安全衛生管理》（Successful Health and Safety Management）來建立其安全衛生管理系統；另一方法爲依據 ISO 14001（環境管理制度標準）來建立其安全衛生管理系統。依循此二種方法之一種均可達到整合職業安全衛生管理於企業管理制度中。雖然此標準在英國爲非強制性的，但是英國政府與業者皆認爲執行該標準能減少職業災害與傷亡。同時，此標準的制定也能讓業者與執法人員對於管理制度的架構形成共識。

　　由於 BS 8800 不具驗證之作用，主要作為企業提升安全衛生績效指引與參考，並無法經由獨立之第三者驗證機構，針對組織之職業安全衛生管理系統進行驗證，故使得 BS 8800 在國際推動上有所侷限。因此，各國紛紛擬訂並推動職業安全衛生管理系統，但眾多的驗證標準也造成其他各國事業單位導入的困擾。因此，1998 年 11 月英國標準協會（BSI）邀集 DNV、Lloyds Register QualityAssurance、SGS、BVQI 等全球七大驗證公司及六個國家標準組織（英國、南非、愛爾蘭、芬蘭、西班牙、馬來西亞）共同制定與規劃職業安全衛生管理系統標準，於 1999 年正式公布 OHSAS 18001 職業安全衛生評估系列（Ocuupational Health and Safety Assessment Series；OHSAS）標準，以利驗證作業之進行與一致性。其系統架構與 ISO 14001 雷同，均採用 PDCA 改善循環作為基礎，然 OHSAS 著重於職場作業危害鑑別與風險管理概念，此為環境管理系統不同之處。

　　1999 年 OHSAS 公告實施後，我國政府隨即召集相關主管機關，由經濟部工業局、行政院勞委會、工業技術研究院及民間部門分工合作，積極推動 OHSAS 18001 職業安全衛生管理系統相關事宜，如風險評估技術、驗證單位之認證管理等，以更符合國情所需，並有效提高驗證與認證之管理品質。2000 年經濟部工業局更推出一系列職場安全衛生管理提升活動，包含講座、宣導會、輔導計畫等，在多方努力下，從 2001 年截至 2009 年 9 月，我國通過 OHSAS 18001 驗證之廠商數已達 365 家。

　　近年來在國內諸多實驗（習）場所的事故中，明顯暴露出學校實驗（習）場所在安全衛生管理與防災應變技能上的不足，肇因於大部分學校實驗室不僅缺乏專責人員管理、內部各安衛設施也諸多不符合安全衛生標準，校方亦未有完善的實驗（習）場所安全衛生管理系統，且學生們也多缺乏正確的安全衛生觀念及接受應有的相關教育訓練。因此，如何協助學校建置安全衛生管理制度並減少災害的發生，乃是刻不容緩的事。

二、本校推動推動 OHSAS 18001 職業安全衛生管理系之過程與現況

　　臺北醫學大學坐落於政要機關與經貿活絡的臺北市信義區，安全健康的校園為培養優秀醫學專業精英搖籃，為落實校園實驗室、試驗室之安全衛生管理改善，積極導入推動 OHSAS 18001 系統架構為規範，以確保校園環境及安全衛生管理所採行之作業程序，除了維護保障校園人員免於職場相關危害外，進而符合國際標準之要求並與國際接軌。學校不僅為學術技能的養成，人文與文化教育亦為重要，如何將安全意識與危害認知深植學生心中，勢必於求學過程中應建立良好的安全衛生習慣，有了安全意識，畢業後進入職場，面對職場上潛在而複雜的作業環境才能永保安康。

　　此次安全衛生管理系統導入之重點在於，以往各實驗室之環安衛作業規範大多「口耳相傳」，然而藉由系統建立而使作業流程達到「文件化」管理。而實驗室許多環安設備也藉由系統管理，落實各系所自動檢查與自主管理，以防止人為疏失可能造成的災害。除此之外，亦建立化學品管理與 GHS 標示的重新整頓，讓各實驗室更確切掌握所使用之化學品特性，有益於實驗人員緊急應變處理。

　　整體而言，建置職業安全衛生管理系統的分成四個階段：

(一)導入準備階段

　　召開宣示會議、成立推行小組並建置環安衛窗口。宣示會議主要讓高階主管了解推行職業安全衛生的益處並宣示推行決心，而推行小組規劃完整的系統展開時程，監督時程進展，並溝通相關單位建立完整之作業標準化與文件化。有了推動的決心及縝密的規劃，如何傳達給基層人員則是管理系統是否有效建置的關鍵，因此建置各單位之環安衛窗口即是重要的工作，環安衛窗口主要任務為安全衛生政策目標下達、宣導與單位執行及回饋外，也讓各單位對安全衛生相關議題適時上傳。

㈡ **系統建立階段**

　　相關法令規章及要求事項符合性、危害鑑別及風險評估乃實施初期審查兩大基石。為使全校各單位在環安衛管理系統運作中，鑑別適用法規並確認符合落實其要求事項，同時保持此項資訊之更新，本校委由環安室、總務處、學務處、人事室等組成法規鑑別小組，定期或不定期於相關法規增、修訂時之收集、鑑定、登錄，並傳達給各相關單位。

　　盤查實驗室之環安衛危害因子，並進行風險量化評估，乃藉由系統分析方法，由下而上反映校內安全衛生現況最佳途徑，此部分的運作委由各單位環安衛窗口，於系務會議中提出，透過教師、學生、技術人員、助理等激發安全意識，鑑別出各面向危害，並通過量化評估，找出單位上、系所上、學院上重大之風險，並同心合力訂定管控措施、改善計畫及方案管理。

㈢ **內部稽核階段**

　　當完成上述系統建構後，更需透過內部稽核找出疏漏之處。然而短期內培訓內部稽核人員著實不易。故本校對於內部稽核培訓上多有著墨，先期以推行小組成員為主要核心人員，並帶入各單位環安衛窗口為培訓人員，透過教育訓練使其更了解系統與查核重點關連；酌以稽核模擬演練讓環安衛窗口（內部稽核培訓人員）能夠透做中學、學中做的方式，更熟稔稽核技巧；最後實地內部稽核展開，讓培訓人員全程參與，在實際面臨稽核與被稽核間體認職業安全衛生管理系統驗證的精髓。

㈣ **驗證階段**

　　委由信譽良好之驗證機構，作為第三方公正單位來確認系統之有效性與適當性，並取得驗證通過證書。

　　職業安全衛生管理系統之建立與推行，除了能督促各單位遵守勞動相關法令規範外，也能使校園落實安全衛生自主管理目標，不僅可以藉此建

構校園完整的安全衛生管理機制，也能建立尊重生命的經營文化及組織的安全氣候，透過管理減少及防止因意外而導致生命、財產、時間的損失，改善經營績效和提升整體的形象，可說是一舉多得。

第四節　ISO 27001：2005 驗證

一、ISO 27001 資訊安全管理系統發展及現況

　　資訊是由相關連的資料有意義的排列組成，通常以文字、圖形、影音等形式來表現。資訊以各種方式存在及傳遞，可以列印或書寫於紙張，也可以儲存於電子設備或媒體。可以透過郵局郵寄、網際網路傳送、影片播放，也可以透過口述交談等方式傳遞。不論資訊存在及傳遞的方式是什麼，資訊都應以適當的方法加以保護，以維持資訊的機密、完整及可用性。企業組織在營運過程中，將持續創造、收集、儲存及運用資訊。資訊已成為現代企業的一種重要資產，並且是企業成功的重要關鍵，需要妥善保護。各種內外在的風險，包含人員疏忽、離職、商業間諜、網路病毒、火災、地震，都可能造成資訊的毀損、消失、盜竊、貶值、轉移，為企業帶來致命的打擊。「資訊安全」管理的目的即是將風險發生的可能降低到可接受的程度，並採取必要之措施，確保企業營運不會因此風險的發生而中斷。

　　行政院國家資通安全會報於 2005 年 5 月 25 日第 15 次工作小組會議決議訂定「政府機關（構）資訊安全責任等級分級作業施行計畫」，並於同年 9 月 28 日函頒施行，將各政府機關、學術機關（構）、事業單位依其業務資料機敏性，區分資訊安全責任等級為 A 級（重要核心）、B 級（核心）、C 級（重要）、D 級（一般）等四級，並明訂應執行之工作事項，以減少因為資安事件造成政府機關（構）有形損失或無形損失。在此規劃下，全國各大學資安責任等級為 B，應於 2008 年通過資訊安全管理

系統（Information Security Management System，以下簡稱 ISMS）第三方認證，後因故延期到 2009 年。故最近兩三年在各大學吹起了導入 ISMS 的風潮。

在網路世代的今天，談到「資訊安全」，人們常常想到的就是「防火牆」、「入侵偵測防禦系統」、「防毒軟體」等技術或機制。而談到 ISMS，一種誤解則是把 ISMS 當成一種資安設備看待。事實上資訊安全強調的應該是組織由上到下的整體架構，重視的是管理而非技術。「人」是資訊安全管理中最關鍵的因素。導入 ISMS 目的是透過妥善的管理制度，使得組織面臨內部或外部環境改變時，得以降低各項資訊安全問題，確保組織得以持續成長、永續經營。

英國標準協會（BSI）於 1995 年 2 月提出 BS 7799 Part I ——「資訊安全管理系統實施規則」，再於 1998 年公布 BS 7799 Part II ——「資訊安全管理制度驗證規範」，爲一權威的 ISMS 標準。BS 7799 系列標準歷經修訂，並經國際標準組織（ISO）引用後，發展爲國際標準 ISO 27000 系列，我國經濟部標準檢驗局亦參考該系統發表：CNS 27001（BS 7799 Part II）、CNS 27002（BS 7799 Part I）。ISO 27000 系列主要架構是一份協助組織，以「風險管理」爲基礎，進而建立一套「資訊安全管理制度」的安全規範。其中，ISO 27002 發展自 BS 7799 Part I，制定了十一大控管重點，分爲 39 項控制目標，再細分爲 133 控制項。而 ISO 27001 以 BS 7799 Part II 爲基礎，選擇適用的控制措施，制訂 ISMS 的要求，且組織必須通過安全稽核程序，才能獲得 ISO 27001 驗證。

ISO 27001 對於資訊安全主要在三個方面作呈現：

㈠**機密性**：確保只有經授權的人才能存取資訊。

㈡**完整性**：保護資訊與處理方法的正確與完整。

㈢**可用性**：確保經授權的使用者在需要時，可以取得資訊。

ISO 27001 基於風險管理的概念，要求組織建立系統化及文件化的管理制度，進行安全風險評估，並選擇安全控制方式，使風險發生的機率及影響降低到可接受程度，藉以保護組織資訊資產的機密性、完整性及可用性。ISO 27001 使用 PDCA 循環方法，強調整體過程及動態控制，確保組織業務運作的持續成長、永續經營。

　　㈠Plan：建立 ISMS 之政策、目標、過程及程序，選擇適當的控制項，並對資訊進行風險評鑑。

　　㈡Do：實作與運作 ISMS 之程序，期使選擇出來的控制項都能符合。

　　㈢Check：依據 ISMS 之政策、目標，進行有效性評量，並將結果回報管理階層審查。

　　㈣Act：依據審查結果，進行矯正與預防措施，以持續改進 ISMS。

二、臺北醫學大學導入 ISO 27001 資訊安全管理系統之經驗

臺北醫學大學長久以來致力應用資訊科技於教學、行政、研究等服務。對於網路及系統安全等相關課題，從完整全面的網路建設、隨時更新的防毒防駭措施、流程嚴謹的資訊系統、單一帳號密碼的權限控管，到重要資料的定期備份等，早已投入相當資源建置。但資訊威脅的面相很多，天災或人為因素，資訊系統每天都存在著不同風險。除了網路安全及系統安全外，導入 ISMS 一直是討論的議題。2007 年首先取得 ISO 27001 領導稽核員證照一張，開始著手規劃導入 ISO 27001 相關事宜，並持續進行機房改善、加強資訊安全設備及規範建立等基礎工作。在導入 ISO 27001：2005 國際認證相關程序方面，臺北醫學大學同樣也是運用 PDCA 模式，主要措施分述如下：

㈠規劃

在校長及校內各長官的支持下，成立以副校長為首的「資訊安全委員

會」，負責資訊安全角色權責分工及協調所需之資源，以確保 ISMS 之有效性。其下設置三個小組，處理指定業務。資訊安全工作小組負責規劃及執行各項資訊安全作業；緊急處理小組負責發展、修訂及執行各災害復原程序；資訊安全稽核小組依校方管理系統辦法，負責相關稽核作業。

在委員會及各工作小組成立後，依據校方之願景，擬訂「資訊安全政策」。初次導入 ISO 27001，分析學校的資訊發展現況後，也規劃了適切的「驗證範圍」。

㈡實施與運作

為使 ISMS 能被適切控管及執行，建立 ISMS 文件管理規範，總共完成 12 項法規、20 項工作細則、23 份表單及其他文件共 111 份。ISMS 運作的一個重要部分是進行風險評鑑。依據「資訊資產管理辦法」及「資訊安全風險評鑑與管理辦法」的規劃，由相關人員及輔導顧問共同執行完成。總共辦識出 471 項資訊資產，其中 20 項資產具有高風險，相關回應改善計畫共計 15 項。並產出「風險改善計畫表」與「適用性聲明書」，說明風險控管措施之執行辦法。

㈢監督與查核

為了監督及查核 ISMS 之管理規範被確實執行，由稽核小組規劃稽核活動，並編製包含 105 項檢查項目在內的 33 張內部稽核查核表。在兩日的內部稽核，查核結果其中 105 項檢查項目符合查核要項通過，25 查核項目未發生或不適用。

為了業務永續運作的目標，緊急處理小組擬訂「業務永續運作計畫」，採用結合預防和復原控制之措施，以將業務災害或故障降低到可接受的範圍。為了確認復原控制措施的有效性，每年需關鍵業務進行業務永續運作計畫與演練。本次擇定郵件伺服器為演練對象：模擬郵件伺服器故障的情境，並在期望的時間內，實際完成新系統的架設及服務的復原。

㈣維護與改進

　　管理審查委員會為資訊安全管理制度重要之活動，討論內部稽核報告、業務永續運作計畫演練結果、風險改善計畫及資源需求報告，以確保達成預期目標，持續維護資訊安全管理系統之運作。

　　2009 年 9 月 24、30 日兩天，驗證機構到校實地評核，驗證範圍為資訊處中央機房及電子文件管理系統。24 日進行的是第一階段的文件審查，委員們提出 7 項待改善項目。經過一週的謹慎準備後，30 日則為實質的作業審查，直接挑戰資訊處全員的資訊安全作業程序與行動。當天在邱文達校長、李友專副校長、許明暉資訊長的見證下，三位稽核委員們一致宣布臺北醫學大學順利通過 ISO 27001：2005 驗證審查。

圖 3-3　ISO 27001 外部查證單位實地查證

三、結語

　　資訊安全沒有萬靈丹，只有結合管理、技術、稽核，才能將資訊安全的風險控管在可接受的程度。臺北醫學大學經由導入 ISO 27001，驗證了全員參與及持續改進的決心，為永續發展的資訊安全目標，奠定了重要的里程碑。

第五節　ISO 14064 **溫室氣體盤查**

地球暖化與全球氣候變遷之議題已逐漸為世人所重視，1992 年 6 月在里約「地球高峰會議」中有 155 個國家簽署〈聯合國氣候變遷綱要公約〉（The United Nations Framework Convention on Climate Change；UNFCCC，簡稱 FCCC）；1997 年 12 月於日本京都舉行第三次締約國大會（Conference of Parties；COP），共有 159 個締約國、250 個非政府組織及各媒體總人數逾一萬人參加，並於會議中通過具法律效力之「國家減量議定書」（又稱「京都議定書」），其最終目的是來規範各國溫室氣體的排放。

國際標準化組織係自 1996 年開始與 UNFCCC 合作，積極進行溫室氣體減量彈性機制運作管理之溝通討論，目標在於制訂溫室氣體減量相關之國際標準化規範。並於 2006 年 3 月 1 日正式完成用量測、報告及查證溫室氣體排放的國際標準之公告。

根據聯合國環境規劃署（UNEP）及 ISO/CNS 14064-1 標準之規定，所謂溫室氣體的種類包括：CO_2、CH_4、N_2O、PFC、SF_6 及 HFC，原則上會排放這些 GHGs 的部門、組織及設施即須進行溫室氣體的管理與減量工作。可依據 ISO 14064-1 提供一組織盤查計畫之計算架構，組織層級的溫室氣體排放清冊，係從由下至上針對特定設備所排放及/或移除溫室氣體的計算結果；該標準除包括與查證規範相關之要求事項外，並說明包括相關性、完整性、一致性、準確性及透明度等五項溫室氣體排放查證之基本原則。

我國於民國 87 年 5 月召開「全國能源會議」，成立「全面節約能源及提升能源效率推動計畫」，以推動節約能源的措施與執行；更於 97 年 6 月行政院院會通過「永續能源政策綱領」，宣示我國將以「2016 至

2020 年全國二氧化碳排放回到 2008 年排放量，2025 年回到 2000 年排放量」之溫室氣體減量目標；目的是藉由政府機關及學校率先推動節約能源，以示範引導民間採行，落實全民節能減碳行動，低碳能源的使用與低碳環境的建構為國人關心之議題。

　　臺北醫學大學作為一所醫療教育機構，充分體認到自己的責任與義務，我們於 2009 年校慶當日簽署「塔樂禮宣言」，積極推動綠色大學政策，獲教育部頒發全國「綠色大學」示範學校，並連續兩年獲選為臺北市綠色採購標竿表揚單位。期望在人類社會永續發展的道路上，為地球的健康把關，本校努力完成以下事項：

㈠勵行節能管理政策

　　本校成立「能源管理小組」，規劃校園節能管理之方向與作為。訂定「臺北醫學大學能源管理辦法」及「臺北醫學大學溫室氣體數據品質管理程序」，明確建立能源管理系統，並據以正確而有效的運作及實施管理。

㈡定期檢查並紀錄能源耗用設備

　　為確實監控各項設備，避免因損耗而導致設備故障或效能低落，本校訂定「臺北醫學大學機電設備自動檢查作業工作細則」，並據以實施「機電設備自動檢查計畫」，按檢查項目之檢查週期及檢查規範，制定合適之自動檢查表格供各設備操作人員使用，藉以落實自動檢查計畫執行。能源管理人員利用校區用電管理電力監控系統，即時監控全校用電需量，並與各單位能源管理人合作評估各行政教學單位用電，落實單位自主管理之節能目標。

㈢實施校區用電申請制度

　　為確實有效監控管理，各學院新購研究儀器設備用電及社團活動臨時用電，實施用電申請制度，以有效管控用電儀器之負載及用電安全。學生社團臨時用電填具「社團校內活動申請表」會能源管理人審查後裝設。

㈣推行節能永續發展教育課程

鼓勵開設有關環境教育或永續發展教育課程，積極教育學生對環境保護的認知與覺醒，落實校園生態規劃。

㈤教育宣導與志工活動

每年舉辦「響應世界地球日簽署聯名」及「北醫永續週」等系列活動，藉由行動短劇、簽署節能承諾書、問卷調查或是贈送環保小卡片等形式，倡導節能環保觀念推行。同時也成立學生環保社團（LOHAS 綠生活節能社）、節能宣導隊，並召集學生領袖成立「綠活聯盟」，結合學生力量進行各項綠色節能推廣，爲宣揚並落實社區綠化節能理念，以北醫大爲中心，和周遭國中、小學校聯盟，教導輔助中小學生對節能綠化的重視。由學生社團活動開始，並擴展至行政單位，由點、線，再至面，藉由社團來和各行政單位之間做聯繫的橋梁，共同爲臺灣綠色大學聯盟奠定根基，一起爲與國際接軌的頂尖綠色大學齊盡心力。

㈥參與驗證稽核制度

近兩年來北醫大陸續通過各項的驗證，如：世界衛生組織（WHO）授權「國際安全學校認證」、2009 教育部校園環境管理暨績效評鑑優等、BSI 英國標準協會審核通過 CSR 企業社會責任永續發展認證、通過環境管理系統 ISO 14001：2004 與職業安全衛生管理系統 OHSAS 18001：2007 驗證，以及 ISO 14064-1 溫室氣體排放量盤查。

爲實現社會責任與貫徹綠色大學理念，以「永續發展」爲本校經營主軸，以開誠布公的方式揭露學校的管理資訊與績效數據。同時因應全球氣候變遷抗地球因溫室效應的暖化問題，本校在未有政府補助經費下自願性推動「校園溫室氣體盤查」工作，以「全員參與、珍惜資源、GHG 減量」爲溫室氣體減量政策，推行「持續溫室氣體盤查及管理應用、提升能源及資源管理效能、推行節能措施及成效追蹤、執行溫室氣體減量工作及

GHG 教育宣導」等任務。

　　為順利推動溫室氣體盤查管理作業，特訂定「臺北醫學大學溫室氣體數據品質管理程序」，並成立能源管理小組負責溫室氣體盤查所需人力、技術、財務、設施資源，以確保符合 ISO/CNS 14064-1 要求。自 98 年即進行事前準備，歷經數月十幾次大小會議，並與專業輔導單位進行查證相關表單資料及盤查人員之教育訓練，也針對各產生源進行實地詳盡調查標示及相關現場人員的訓練。查證作業首先於 99 年 1 月召開 ISO 14064 查證起始會議，隨即進行學校內部查證作業，並委由英國標準協會（BSI）進行 ISO 14064-1：2006 外部查證作業。經由縝密的盤查過程與結果，針對溫室氣體排放源活動數據蒐集方式與來源，建立本校溫室氣體排放量盤查表，確實掌握本校溫室氣體盤查數據及排放量，完成溫室氣體盤查報告書，並取得 BSI 頒發 ISO 14064-1：2006 查證聲明。

圖 3-4　本校通過查證之授證典禮

圖 3-5　BSI 外部查證單位實地查證

　　本校每學期 ISO 推行委員會中提報減量目標與方案，持續推動溫室氣體排放管制以降低能源成本外，利用溫室氣體盤查管理措施，並建置節能監控系統、增加節能設備、汰換老舊耗能設施、加強環境教育宣導及管理系統建置，提供完整溫室氣體盤查減量管理機制，共同為校園溫室氣體減量負擔責任。此外，由教育扎根透過學校的推動與教育，不僅可以讓學

生在日常生活中，時時刻刻思考環境議題，並落實節能減碳的行爲，進而帶動一股風潮，將綠色校園觀念拓展。

第六節　WHO 安全校園認證

一、WHO 國際安全與學校發展沿革與現況

　　國際安全學校計畫起源於阿拉斯加的安克拉治，在 2001 年第 10 屆國際安全社區會議中，由 35 位專家共同發起，目的即在於整合學校與社區資源，共同發展事故傷害防治之最佳作業規範，指引各國學校如何促進學校安全，降低學生受事故性的傷害，藉以營造安全環境。目前負責認證的單位爲 Peaceful Resource Center 國際安全學校委員會，已獲認證通過的學校計 32 所，分別位於瑞典、紐西蘭、以色列、捷克共和國、美國、臺灣、泰國、南韓、塞爾維亞和香港等國家或地區。

　　「安全學校」的概念是，在學校內提供一個安全的健康環境，強調學校及社區內有相關團體的共同努力，是達致成功的重要因素，計畫包括預防學生受傷以及建立學校與社區聯繫等之研究和推廣工作。依據世界衛生組織給予安全學校的定義爲：

　　㈠安全學校是橫跨校園及社區，以執行計畫爲根據，輔以基礎面、長期面的監督及預防傷害的運作。

　　㈡安全學校是以實際行動執行事故傷害預防計畫。

　　㈢安全學校中最重要的角色，是學校的教師、職員及學生。

　　㈣安全學校之大方針，旨在學校期望以有計畫的組織運作與方案實施，建立安全的環境，但並非展示學校已絕對的安全。

　　㈤安全學校的重要運作，應建立跨社區的活動與觀念，以逐步改善校園安全環境。

　　㈥單一議題應融入結合跨社區的活動與觀念，且是安全學校逐步改善

校園安全環境的重要因素。

㈦成功預防事故傷害的關鍵因素：

1. **傾聽**：讓教職員生說明什麼是他們認為最重要的安全問題。

2. **安全問題的改善**：憑藉的是有效實施因應方案。

3. **提升安全的認知**：灌輸預防事故傷害的知能是預防事故傷害最重要的一環。

4. **利益團體的支持**：結合所有與安全議題相關的校內外團體，一起推動安全學校，是達成目標的必要動力。

二、本校推動國際安全學校認證之經驗

2009 年 10 月以前，全世界還沒有一所醫學大學通過 WHO 國際安全學校的認證，同年的 10 月 21 日，臺北醫學大學做到了，成為獲得這項榮譽的全球第一所醫學大學。

我們知道追求校園安全是永無止境的課題，為了符合國際潮流，進而接受國際安全學校標準的檢驗，本校自 2008 年底即開始籌畫 WHO 國際安全學校認證作業，經過一連串縝密的書面資料審核程序，2009 年 10 月 21 日 WHO 國際安全學校委員會主席 Mr. Max L. Vosskuhler、顧問 Ellen R. Schmidt 及國內東華大學李明憲教授等專家赴北醫，進行實地訪視暨檢核相關資料後，順利獲得通過認證。

本校推動國際安全校園認證，係由學生事務處籌辦，統整協調學校總務、學務、教務等各單位，依據 WHO 國際安全學校認證中心所規範的 42 項檢核矩陣，全面檢視校園內各安全面向指標，針對不足之處，建置符合國際規範的各項軟硬體安全設施，並提出短、中、長期改善計畫，實施安全求救通報及門禁改善計畫、設置師生事故傷害資料庫、加強學生心理諮商輔導、擬訂師生體適能促進計畫等改善方案，設定預計達成目標，來逐步逐項改善校園安全環境。

　　依據本校校園事故傷害資料，經由本校健康安全校園推動工作委員會，並與安全議題相關的各委員會多次開會研討，篩選出「運動傷害」為優先改善的議題，提出 3E（政策面、環境面、教育面）改善計畫，執行各項改善方案。尤其在積極提升師生體適能方面，更篩選出體適能不佳的後 20% 學生，施予體適能補強課程，提升體能狀況，預防及減緩學生運動時之扭、拉傷等運動傷害，同時在運動場域設置緊急聯絡電話，體育館設置醫療救護站，來降低運動傷害這項對學生傷害最頻繁的校園危險因子。

　　此外，更藉由這項認證機制，建立起事故傷害線上登錄系統，詳細記錄各項事故傷害的發生原因、地點及頻率，除了校內單位可即時通報並下載分析外，更透過與信義區安全社區合作的機制，將附設醫院 TIPSPA（Taiwanese Injury Prevention & Safety Promotion Association）社區民眾事故傷害資料，篩選出學校師生校外意外傷害資料，建置完整的學校師生事故傷害資料庫，使資料分析更加完善。這些都是本校加入 WHO 國際安全學校的優勢。

　　而本校校區所在的臺北市信義區，自 2008 年起，開始推動信義安全社區，本校業與信義區公所長期培養良好的社區關係，除了多位主管為信義安全與健康協進會之理監事成員，提供了很多寶貴的意見與協助外，學校更進一步與北市衛生局及北市警察局信義分局，簽訂學生社區服務備忘錄及維護校園安全支援約定書，安排學生協助社區從事公衛調查等專業公共服務，並針對校園安全維護予以全力協助。總之，本校對於申請 WHO 國際安全學校認證過程中，臺北市政府相關單位均予以全力支持與協助，特別致謝。

　　雖然本校已通過 WHO 國際安全學校認證，但整體規劃的短、中、長期目標，仍在持續運作中，我們期望透過這項國際安全學校認證機制，在

2012 年逐步達成校園總事故傷害 3% 的下降率，並在單一安全議題（防制運動傷害）持續改善之下，能使得年度運動傷害比率達 5～10% 的下降率，持續營造低風險、低事故傷害的健康安全校園；這是本校對師生的承諾，也是對家長的承諾。

圖 3-6 本校通過國際安全學校頒證 儀式

圖 3-7 本校蘇副校長代表接受國際 安全學校授證

第七節　CSR 社會責任查證

一、國際間推動 AA 1000 AS 與 GRI 發展沿革與現況

近年來，由於全球化的競爭，加上國際環保與人權意識高漲，使得社會大眾對於企業環境績效與社會責任的要求也逐漸提高。而企業為降低經營管理上的風險，減少因為環保、勞動、人權等問題而蒙受損失，甚至導致經營危機。因此，積極發行整合經濟、環境、社會為一的永續發展報告書，以作為與利害相關者正向溝通之工具，並獲得政府與大眾的信任，除此可展現企業管理績效與友善形象外，亦可減少經營衝擊與民眾抗爭，使得永續發展報告書已蔚為一種世界潮流。

永續發展報告書有如雨後春筍般的快速興起，然各企業發行之報告

書水準仍參差不齊，其論述及範疇往往僅止於企業之隱惡揚善，或偏向於企業之環境、人權或特定的議題上績效的展現，對於利害相關者所關切的議題，卻常難以符合，故強調永續報告應制定標準化綱領之呼聲漸起。為協助產業運用適當的格式及標準來展現其企業環境績效，國際間相關組織與政府單位開始著手研擬環境報告書的指導綱要，其中最具影響力的莫過於「環境責任經濟聯盟」（Coalition for Environmentally Responsible Economics：CERES）與聯合國環境規劃署（UNEP）共同成立之全球永續性報告推動計畫（Global Reporting Initiative：GRI），該計畫成功的整合現有的相關規範，並會同環境專家及多方利害相關者的參與，訂定出一套全球認可的永續性報告綱領架構，除了幫助企業系統化檢視其在社會、環境及經濟三方面的表現，亦符合利害相關者的需求。1997 年 CERES 成立「全球永續發展報告協會」，並於 2002 年 9 月該協會正式成立為獨立組織，其研擬的永續報告書綱領，簡稱 GRI 綱領。

　　2002 年聯合國世界永續高峰會（WSSD）後，企業自發性的公開環保與社會績效之永續報告書，已成為國際企業常態經營典範之一部分。雖企業已逐步採用 GRI 所擬定之彈性綱領來撰寫企業永續報告書，但如何獲得利害關係人的「信任」，提高報告書的信用度，故國際間逐步發展經由公正第三方透過查證步驟發予查證聲明文件（assurance satatement）之趨勢，透過「查證聲明書」以彰顯報告書之公信力。英國 AccuntAbility 致力於推廣通過責任創新來促進持續發展，2003 年研擬 AA 1000（assurance standard）確保標準，並發布初版 AA 1000 保證標準（AA 1000 AS 2003）提供組織對其企業社會責任績效的公開揭露的資訊品質所進行的獨立保證之查證作業，並就其執行方式而設定的種種要求。2009 年再推出修訂之 AA 1000 AS 2008，在課責性上，明確界定 AA 1000 AS 三項原則之間架構與關連性，以包容性為基礎原則，再加上實質性和回應性兩項原則。其內

容上包容廣泛，包括公司的治理、反貪汙、人權、行為倫理揭露等。AA 1000 AS 確保標準的推出，無疑提供利害關係者一個很好的「可信度」的工具。

反觀我國企業永續報告書之推動，首波行動於 1999 年底發起，由中華民國企業永續發展協會出版之〈環境績效說帖〉，自 2000 年起，經濟部工業局及國家永續發展會議亦已因應國際趨勢，委託各輔導機構執行各年度之示範及持續改善輔導計畫，製作完成環境報告書。爾後演進為環保與安全衛生報告書、社會績效報告書、社會責任報告書。2006 年以前，國內企業能依據公認規範撰寫的企業永續報告書，無論公開及未公開大多未經過第三者之查證或驗證。然隨著國際企業永續概念發燒，GRI 與 AA 1000 確保標準的發展，國內企業已陸續以取得公正之第三者獨立保證聲明書作為企業永續報告書可信度的提升。

二、本校推動 AA 1000 AS 與 GRI 過程與現況

臺北醫學大學 2010 年即將迎接 50 歲生日。半個世紀來，臺北醫學大學在追求卓越的理念下，不斷拓展創新，期望未來在全體北醫人同心協力下，善盡社會責任，即使沒有財團及公務預算的挹注與支援，仍然在艱苦的環境中成長茁壯。隨著北醫校友不斷的在各行各業發光發熱，臺北醫大身為未來精英培育與供應鏈中重要的一環，肩負起「培育兼具人文關懷、社會服務熱忱及國際觀的醫事專學人才」之教育使命，更是必須在學子就學期間，給予良好且深遠的身教影響，以展現臺北醫大對社會的重要責任。

本次永續發展報告書──2009 年社會責任報告之發行，資訊揭露方式係參考全球永續性報告協會（Global Reporting Initiative；GRI）於 2006 年出版第三代全球永續性報告書指導綱領（GRI G3）以及 2008 年社會與倫理擔當研究所（Institute of social and Ethical Accountatibility）制定的責

任擔當 1000 查驗標準（AA 1000 AS）。報告書揭露資訊程度以 GRI G3 B ＋水準作爲依據。

整體而言，社會責任報告書編輯與推行過程的分成四個階段。

(一)準備階段

召開宣示會議、成立 CSR 推行小組。宣示會議主要讓高階主管了解撰寫社會責任報告書之益處並宣示推行決心。而推行小組主要任務爲草擬報告書中心思想、各章節分配比重、揭露活動資訊起迄時間界定等，送交校務會議討論後，監督時程進展並溝通各章節權責相關單位。

(二)彙編階段

本次報告書內容共分爲八大章節，包括：經營者的話、北醫體系概況、校園的治理道德規範與利害關係者參與、和諧職場、社會參與、環安永續發展、研發與創新經營績效等。其中社會參與章節中，區分學生自發性活動與學校衛生政策參與二部分，在學生部分主要展現出自發性的社團活動，透過山地醫療、衛生教育、受災區學童教育持續關懷計畫與行動，以及對社區與偏遠地區的醫療服務實現；在學校方面主要展現於社會責任部分，包含長期與短期國際醫療團；以「無菸餐廳」推動國內菸害防治立法；建置「空中緊急醫療救護」評估離島或偏遠山區緊急救護系統、推動的「騎機車戴安全帽」的立法實施與宣導教育，以預防勝於治療的方式，參與國內重大公共衛生決策，將其近年來本校致力社會責任的作爲與貢獻皆透明而具體地呈現於報告書中。

而各面向 GRI 指標呈現方式與比例，考量利害關係人所關切的程度，經由校務會議進行揭露方式、程度的評估後，於各章節中呈現，並由推行小組彙整成「全球永續性報告指標 GRI 對照表」。

(三)查驗階段

委由信譽良好之查證機構作爲第三方獨立單位，以 AA 1000 AS 2008

確保標準來進行預發行永續發展報告書之 GRI 符合度與信任性審查，以取得「獨立保證意見聲明書」作為與利害關係人溝通之信任度保證。本階段包含書面送審、現場查驗、第二次現場查驗（亦或書面複審）等，嚴謹而冗長的查驗與複查，將確立報告書內容與 AA 1000 保證標準及 GRI 引用的符合性。

㈣**出版階段**

完成報告書後，驗證公司將出具查驗報告「獨立保證意見聲明書」，此階段委由風格適當之出版社，對報告書進行美編後出版。

臺北醫學大學身為醫學高等教育機構，充分體認到這種社會責任與回饋的重要性，學校除了以身作則，勇於擔負企業社會責任（CSR Corporate Social Responsibility），也希望傳承給在學年輕學子，讓社會責任的種子向下扎根，精神永續。

圖 3-8　本校由李祖德董事長（左 1）與邱文達校長（左 2）代表，接受 BSI 亞太區總裁（右 2）與臺灣區代表高毅銘博士（右 1）頒證 AA 1000 AS 2008 與 GRI G3 查證證書

第八節　大學附屬醫院與國際醫院評鑑——三附屬醫院完成 JCI 評鑑

一、JCIA——國際醫院評鑑

JCIA 的英文全名是 Joint Commission International Accreditation，是美國醫療機構評鑑聯合會國際部（Joint Commission International；JCI），對美國以外國家的醫院進行評鑑時所使用的一套標準。JCIA 以「病人為中心」，並強調醫療品質，因此，評鑑委員用病人的角度，採用追蹤方法學（Tracer Methodology）確認醫院在提供病患醫療服務的過程中，是否注重病人及其家屬的安全、權益及隱私。

JCIA 相當重視各部門、各專業團隊間的溝通 Communication）、互動（Interaction）、整合（Integration）及一致性（Coordination），此特色促使 JCIA 在國際間成為最具公信力的國際醫療品質評鑑，其嚴謹認證程序，在國際間享有盛譽，凡是通過 JCIA 的醫院，代表其醫療品質及病人安全具有國際水準，因此是各國醫療保險公司轉送國際病人的重要參考指標。

二、JCIA 在全球醫院的發展分析

JCI 於 1998 年設立，1999 年開始進行 JCIA，在第一個十年中，全世界共有 39 個國家通過 JCIA，其中，亞洲 20 個國家為數最多，其次是歐洲、中南美洲、非洲，而大洋洲在第一個十年中則尚未有醫院向 JCI 提出申請。

在全球五大洲通過的醫院家數中，亞洲通過 JCIA 的家數最多，20 個國家共通過 188 家醫院，占全球通過家數的 61%，歐洲 26% 次之，再其次是中南美洲 12%，非洲 1% 最低，然大洋洲則尚未有任何一家醫院提出申請（詳如表 3-1），以趨勢圖呈現如圖 3-9：

表 3-1　世界五大洲通過 JCIA 的國家及其醫院家數

洲別	各洲國家總數	通過 JCI 國家數及其比率		通過 JCI 醫院數及占世界比率	
亞洲	51	20	39%	188	61%
歐洲	45	11	25%	78	26%
非洲	53	2	4%	3	1%
中南美洲	35	6	17%	37	12%
大洋洲	16	0	0%	0	0%
合計	200	39	20%	306	100%

資料來源：JCI 網站 2010 年 2 月。

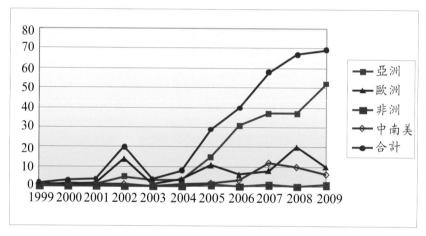

圖 3-9　世界五大洲通過 JCI 的國家及其醫院家數趨勢圖

此外，以 JCIA 發展的時間來看，JCI 於 1998 年設立後，1999 年即在歐洲及中南美洲進行 JCIA，西班牙 Hospital Costa del Sol 是全世界第一家通過 JCIA 之醫院，巴西 Hospital Israelita Albert Einstein 次之。

JCIA 發展的前五年共通過 33 家，第二個五年則通過 235 家，五年間的成長高達 7 倍之多。

以各洲申請通過 JCIA 的醫院家數來看，亞洲、歐洲及中南美洲從 2005 年以來有逐年成長的趨勢，尤其亞洲的家數有顯著增加，歐洲次

之，中南美洲的醫院家數也是逐年增加，但速度不及亞洲。亞洲在 2006
年快速成長以來，連續四年占全世界通過 JCIA 醫院家數的 78%、64%、
55%及 75% 最引人矚目，由近四年通過 31 家、37 家、37 家、52 家的成
長家數來看，在全球的成長速度相當快。

　　從全世界通過 JCIA 家數來看，近五年顯著成長，1999 至 2010 年 2
月間，世界五大洲通過 JCI 的醫院家數詳見表 3-2。

表 3-2　全球五大洲每年通過 JCIA 的醫院家數統計

洲別	1999	2000	2001	2002	2003	2004	2005	2006	2007	2008	2009	2010	合計
亞洲	0	2	1	5	3	3	15	31	37	37	52	2	188
歐洲	1	1	2	14	1	4	11	6	8	20	10	0	78
非洲	0	0	0	0	0	0	1	0	1	0	1	0	3
中南美	1	0	1	1	0	1	2	3	12	10	6	0	37
合計	2	3	4	20	4	8	29	40	58	67	69	2	306
累計	2	5	9	29	33	41	70	110	168	235	304	306	

資料來源：JCI 網站 2010 年 2 月。

三、臺北醫學大學醫療體系──臺灣第一個通過 JCIA 之醫療體系

　　臺灣推動 JCIA 的啓蒙者首推臺北醫學大學邱文達校長，他當時爲萬
芳醫院院長。2002 年邱文達先生由文獻及網路得知 JCI 的發展，2003 年
參加國際醫院聯盟（International Hospital Federation：IHF）在舊金山（San
Francisco）舉辦的年會，再次聽取 JCIA 專題演講，同年亞洲醫院聯盟
（Asia Hospital Federation：AHF）在吉隆坡（Kuala Lumpur）舉行年會，
邱文達先生應邀擔任病人安全（Patient Safety）專題演講，當時的主持人
正好是 JCI 主席 Timmon Kareu。邱文達先生在會後與 Timmon Kareu 詳談
下，在觀念上有了很大的改變。回國後，在萬芳醫院 2004 年共識營中便

將 JCIA 列爲短、中期的目標，也啓動了臺灣逐步走向 JCI 國際醫療品質之旅。

繼萬芳醫院之後，邱文達校長在臺灣第一家新建置的 BOT 醫院──雙和醫院推動 JCIA，統合一校三院的遠景、宗旨及核心價值，整合多元屬性、不同成長階段的功能及價值，發揮效益。其中，雙和醫院在建院規劃時即以 JCIA 醫院的角度著眼，因此，開幕 13 個月即通過 JCIA，成爲臺灣最新設立的 JCIA 醫院，迎頭趕上的是臺北醫學大學的旗鑑醫院──附設醫院。自此，臺北醫學大學所屬三家醫院皆通過 JCIA，締造臺灣在各醫療體系中完全認證 JCI 的大學體系醫院之歷史新頁。

四、結語

目前，臺灣已有 11 家醫院申請 JCIA，在臺灣醫界的歷史皆深具意義，每一家醫院都在開創醫療品質歷史新頁。臺北醫學大學以堅信的國際觀及國際價值，進行各項國際品質認證，在組織文化的耳濡目染下，歷經不同階段的學習成長及淬煉，建立全面品質與安全文化，終於所屬三家醫院皆歷經 JCIA 洗禮，將不同組織生命週期的機構，灌漑「以病人爲中心」的核心價值，通過世界各國所重視的 JCI 國際醫院認證，賦予機構創新的服務理念，發揮團隊合作的精神，在整合策略的運作發展下，「品質特色」成爲北醫大體系社會責任的承諾，也成就臺北醫學大醫療健康體系的發展過程爲品質發展史。

第九節　國際化及國際社會責任──國際醫療經驗分享

在全球化的潮流中，國際化已然成爲世界各大學積極推動的目標。本校將「打造國際村校園」爲發展目標，希望藉由環境之國際化逐步渲染本校學生，提升其國際觀。我們將從各種不同角度著手，如行政方面：可

培訓雙語行政人才、增聘外籍教師等；學生教育方面：可提升國際學生人數、提升學生外語能力、增開全英語授課課程等為發展重點，全力塑造國際化學習環境。本校亦積極與國外學校簽訂姊妹校，以提供學生繼續深造之機會，並且經常與姐妹校合作舉辦研討會，以達到國際學術交流。本校目前之姊妹校共有 72 所。醫療體系方面，本校採取派遣行動醫療團前往邦交國協助改善其醫療環境與提供革新之醫療方式，以提升各國之醫療品質，並藉由醫療學術上之交流，加強與各國間之友誼。

臺北醫學大學體系下有三家附屬醫院（臺北醫學大學附設醫院、萬芳醫院、雙和醫院），為大臺北地區醫學院校最大之醫療體系，擁有三千多名醫療人員，本校肩負重大的社會責任，並積極協助政府從事國際醫療服務工作。對於國際上的發展，特別值得提起的為本校推動之「國際醫療團卓越計畫」，其發展目標可鞏固我國與邦交國間之友誼，並建立起全球之聲譽。本校已派遣 15 個行動醫療團前往 7 個友好國與地區服務；其中本校兩家附屬醫院——萬芳醫院與臺北醫學大學附設醫院，每年不定期前往中南美洲之巴拿馬、瓜地馬拉、宏都拉斯等國巡迴醫療，並長期配合大洋洲重要邦交國——馬紹爾群島、帛琉的醫療服務。

本校於 2008、2009 年相繼派遣長駐於非洲史瓦濟蘭王國（The Kingdom of Swaziland）及聖多美普林西比（Sao Tome and Principe）之國際醫療團隊，且為全國唯一一所擁有駐外醫療團之醫學大學，藉由醫療團隊的長期服務，可了解兩國文化間之差異，並了解該國醫療之方針與其醫療上所面對之困境。國際醫療團隊成員除專業醫護人員外，暑假期間亦有由教授帶領組成之學生醫療志工團，跟隨醫療團隊步伐深入各地區參與前端醫療相關工作，藉此擴展學生的國際視野與服務胸襟，並培養身為世界公民的國際社會責任。學生參與此出國見習機會所習得之寶貴經驗與所目睹並親身體驗之事物，可能比書本的知識還珍貴，亦可體驗到生命的可貴

與生活物質上貧富懸殊的差異。本校醫療團隊所協助之項目,大至醫療技術、營養衛生之衛教、寄生蟲之篩檢、兒童社區營養衛生保健、機動行動醫療社區服務等,小至病床號之建立、石膏之製成方法等。

自 2008 年起,本校開始長期派駐史瓦濟蘭醫療團於史國政府醫院,並於 2008 年 12 月 18 日與「財團法人國際合作發展基金會」簽訂「駐史瓦濟蘭王國醫療服務」合作。同年 12 月派遣蔡惠青護理師前往史國,於 2009 年 1 月由神經外科杜繼誠醫師及骨科石英傑醫師派駐,目前另有五名醫師、一位護理師及一位衛生行政人員於史瓦濟蘭王國服務;本校邱校長於 2009 年 4 月親赴史瓦濟蘭國際醫療團考察。2009 年 7 月,本校寄生蟲科范家堃教授帶領 5 人研究團隊,到史國從事寄生蟲研究計畫,成果豐碩。2009 年 7、8 月間,本校醫療團隊舉行 5 場義診,服務約 1,838 人次。自 2009 年 12 月起,本校所帶領之聖多美普林西比醫療團(人口約十六萬),為政府肩負重大國際外交醫療任務,更將拓展本校於國際醫療之舞臺,已陸續派遣骨科、外科、牙科及家庭醫學科等專科醫生為聖多美普林西比共和國進行醫療服務。本校期盼逐年增加對兩國之協助、改善醫療衛生環境、強化醫療服務體系、培訓在地醫事人力,達成全面有效改善史瓦濟蘭王國之醫療水準與服務品質之計畫目標。本校醫療團隊已經有效的降低史國醫療轉介的花費,並且提供專業且長期的醫療服務,成功地完成跨國、跨院的經營,並將全力投入扎根永續經營。

在舉行海外醫療團團員就任暨赴任洗手典禮時,本校邱文達校長說道:「身為地球村的一員,臺灣過去為接受外援之國家,未來必須回饋國際社會,因此將持續關注與積極地參與國際醫療事務。」本校國際事務處亦會全力參與並配合所有活動,以回饋全球對我國之幫助。

圖 3-10　本校國際學生會發起關心國際人權與照顧愛滋議題
　　　　　遊行

第十節　博雅及通識教育與大學教育品質

通識教育的英文是 general education 或 liberal education。所謂 general education 的通識教育，是指一般學科基礎的課程，如普通物理、普通化學、生物、微積分等是醫學相關科系的基礎課程，這些是作為基礎學科的通識課程；而 liberal education 的通識教育，即是博雅教育或所謂的人文學科（humanities），它不是一般所謂與科學相對的文科，而是一組協助同學自我開發的課程，其基本精神是認為每一位參與學習的同學都是自己生命的藝術家，通識課程或人文學科的學習，目的是在雕琢自己，造就自己，使自己的身心獲得全面的開發。身心全面開發的狀態即是所謂的「人性」（humanity）。通識教育乃協助同學達到身心全面開發狀態的學習，強調的是自我教養（self-cultivation），因此它不僅是在學校課堂內進行的教育訓練，更應該是在日常生活中的自我學習。

　　本校為醫學大學，在專業教育中所缺乏的人文精神，端賴通識課程的補足。倘若沒有人文關懷精神，為何馬偕、馬雅各、蘭大衛等傳教士要來臺醫療傳道呢？如果沒有人文關懷精神，為何蔣渭水、賴和等甘冒生命危險反抗日本殖民統治呢？因此本計畫進行兩年以來，除從制度面改進通識課程之外，更重要地在通識課程中融貫人文精神，讓學生成為深具人文精神的醫療從業者。

　　為落實本校「培育兼具人文關懷、社會服務熱忱及國際觀的醫事專業人才」的辦學理念，通識教育以「學生學習為主體，教師成長為動力，課程改造為途徑，全人醫療為圭臬」的辦學目標，致力於創造多樣而豐富的學習環境，開設協助學生開發身心、實現自我的課程，深耕醫學院校學生應有的醫學人文素養與利他精神。

　　過往醫學專業教育極度分工專科化之後，已使醫療教育的內涵也逐漸趨於專精分工；比如醫學專業學系教育負責專業教學，在師資、課程及見實習教育內容都只涵蓋醫學專業，對於如何培育一個健全人格同時擁有豐富人文素養的醫學生，卻期待以「分工概念」交由通識教育中心負責，成為責任分工式的教育概念，而非整合式的全人教育，造成社會上對醫界畢業生在近年來的社會事件中，因品德教育落差所產生之諸多弊端。有鑑於此，通識教育中心近年來推動「以通識為核心之全校課程革新計畫」，將通識教育與專業教育作更全面性的互相融入與整合，在師資、課程與執行面上，一方面將通識教育精緻化與領域專業化，另一方面同時亦將專業教育課程進行全面性重整而賦予通識化與實務化，讓醫學院校同學所受到的，不再是分割型的專業分科教育內涵，落實對醫學專業學子的完整教育，期許能形塑未來理想醫界畢業生，在掌握他人生命與健康福祉時，回歸我們期待他們擁有豐富人性寬容與關懷的教育目標。

　　本校自民國 82 年即成立「醫學研究所人文組」，推動本校人文教

學、研究與學術交流。民國 83 年成立國內第一個「醫學人文中心」，以落實醫學人文教育，提高醫療從業人員及學生人文素養爲目的。配合學校中長程發展計畫，通識教育中心於民國 90 年由共同科改制，並定位爲學院級單位，承接落實醫學人文教育的重擔，負責協同各專業院系、醫學人文研究所（即原來的醫學研究所人文組，民國 92 年改制）、醫學人文中心的師資，統籌規劃與推行大學部的醫學人文教育，促進醫學專業的通識化發展，把專業之思維，建立在通識的基礎之下，施行以通識爲體，專業爲用的課程策略，培育學生對於專業醫學的反思能力，讓醫學回歸以人爲本，以病人爲中心的醫學。

幾經試驗與調整，並經執行民國 90～93 年教育部補助的「提升大學基礎教育計畫──臺北醫學大學人文通識提升計畫」，致力於醫學倫理教案的編撰及醫學人文學程的規劃與執行後，在組織、運作及課程上均呈現相當的規模。民國 94 年教育部大學評鑑，在醫學校院類組中，本校是唯一所有六項校務評鑑項目，其中包括通識教育，皆獲評爲優等學校。爲了精益求精，北醫執行教育部補助的「教學卓越計畫──北醫卓越展望工程」，挹注大量的資源，協助通識教育的再升級，推動「通識教育專業化」及「專業教育通識化」的雙向、共構發展。民國 96 年開始執行教育部顧問室支持的「以通識教育爲核心之全校課程革新計畫」三年計畫，進一步將通識課程整合到全校課程的結構中來做整體的檢視，思考面對「信息社會、全球化、知識經濟」促動的新時代，我們需要什樣的課程，帶動全校課程結構與內涵、教學理念與方法、學習態度與習慣的全面革新。大體而言，本校通識教育的特色有：

一、以醫學人文爲核心價值

所謂「醫學人文」主要強調：⑴「先學做人方做醫」的人文教育理

想：所謂醫學人文，即是文人學醫，亦即先文（音ㄨㄣˋ，整飾之意）人：塑造自我成為完整的人，而後學醫，亦即「先學做人方做醫」的醫學教育理想。在此意義之下，通識作為醫學校的人文教育，即以協助醫學校學生自我開發為主要目標，以培養學生具備人文素養和社會關懷為目的。

(2)回歸以人為本，以病人為中心的醫學：醫學本來是以人為本的利他科學，但在科學與人文分科發展的趨勢之下，卻出現了與人文分離的現象，在此學術發展背景之下本校重視醫學人文，是一種讓醫學回歸人文的呼籲與行動，讓醫學回歸以人為本，以病人為中心的醫學。

配合以醫學人文為核心價值的理想，本校規劃以「典範學習」、「服務學習」和「經典閱讀」作為本校的通識核心課程。「典範學習」與「服務學習」是核心的第一圈，一者成己，一者利他，具體落實本校「培育具人文修養與社會關懷之醫事專業人才」的辦學理念，凸顯「先學做人方做醫」的醫學人文教育理想；「經典閱讀」位於核心課程的第二圈，向內它是成己—利他行動學習的價值根源及實踐的反思，向外則構成七大選修領域的知識基礎。

二、強化醫學人文實踐

成己——利他是醫學人文實踐的二大主軸，本校以「典範學習」、「服務學習」和「經典閱讀」為構成的通識核心課程，即是落實醫學人文實踐與反思的規劃。所謂的「典範學習」，並不是把典範人物作為偶像來崇拜，而是透過與典範人物的互動，理解其思想、言語、情感和行動，進而引發見賢思齊，見不賢而內自省的自我反思、自我認同及自我構成的學習歷程，凸顯通識教育是一組協助同學身心全面開發的「成己」之學。已開課程如：拇山人文講座、北醫畢業校友醫療奉獻獎得主參訪等。「服務學習」分為大一志工服務 28 小時，以及大二專業服務 52 小時二階段。大

二的專業服務由各系負責，大一的志工服務由通識教育中心統一規劃。本校通識教育中心的服務學習課程，除了安排愛校服務、社區服務外，並規劃系列的志工講座，聘請熱心參與志工活動的社會人士引導學生一起反省服務的意義，讓同學發現行動的意義，引發自得之樂。

　　此外還開發結合口述歷史的社區服務學習課程，及在一般通識課程中置入行動導向學習單元，經營在做中學的行動／問題解決導向課程，不僅可以培養學生的利他精神，而且學生可以在服務及行動的過程中，經歷解決問題的過程，獲得知識整合能力、問題解決能力和行動抉擇能力；96年度已開設的行動導向／問題解決的課程共有 8 門，97 年度則有 7 門，並有 3 門獲得教育部顧問室的補助。

三、課程多元化發展

　　由於本校並非綜合型大學，缺乏醫學專業以外的科系，為了拓展學生有關醫學專業以外其他知識領域的認識，通識課程的開設朝多元化的方向發展。目前有人文、社會與心理、音樂與藝術、管理與資訊傳播、語文、科學與邏輯等六大領域，每領域都作基礎課和發展課的分類，目前共約232 門課。以多元化的通識課程，增進學生對跨領域學科的認識，拓展視野，創造跨領域對話的可能性。

四、創造跨領域對話的空間

　　本校通識教育中心自 92 學年度起試辦醫學人文學程，並於 93 學年度正式開辦，96 年修訂後的學程課程涵蓋文史哲、社會科學、音樂與藝術、醫學人文實踐四大領域，透過課程主題的安排，創造醫學與其他領域的對話空間。民國 96 年執行教學卓越計畫所推動的「專業教育通識化」，將通識融滲到專業領域中，執行「以通識教育為核心之全校課程革新計畫」所推動的「通識與專業整合的跨領域學程」，則促進了通識與專

業的合作。民國 97 年在此基礎下，推動專業教育融滲通識元素，進一步結合專業系所與通識中心教師，以共同授課的方式，將通識元素灌注於專業課程，打破專業與通識課程的分際。

五、推動以人爲本的德行倫理教育

本校通識教育中心長期致力於醫學倫理教材的編撰及教學實驗，民國 90～93 年協同醫學系教師，規劃 PPL 倫理教案及進行教學實驗，建立「醫學倫理案例資料庫」，目前含醫學倫理案例故事 32 篇、醫學倫理案例劇本 8 篇、自製醫學倫理短片／動畫 4 部及醫學倫理電影 107 篇，作爲各系推動專業倫理教育的資料庫。並持續爲各系開設基礎倫理學的教師發展課程，協助各系提升專業醫學倫理教學的品質。

「要成爲什麼樣的人」、「如何成爲一位有醫德的人」之德行倫理關懷，是本校倫理教育的另一重點。因此在倫理教學的規劃上，除了道德思維的訓練課程外，我們還開設了系列的倫理行動教育課程：有以倫理行動基礎的身體探索課程，有形塑理想行爲模式的透過藝術的倫理行動教育課程，有透過訪談、故事閱讀、劇本撰寫、戲劇演出引發同理心的情境體驗式倫理教學，還有重視典範學習的課程：如拇山人文講座、北醫畢業校友醫療奉獎得主系列訪談等，將倫理教學導向德行倫理學的方向。

六、經營透過藝術的教育以開發學生的感受力

爲了開發醫療工作者必備的人道關懷及惻怛在抱的同理心，本校通識教育特別重視藝術教育，希望學生透過藝術活動的參與開發知覺自己、感受他人的感性認識能力。這是實現以病人爲中心，成就良好醫病溝通的基礎能力。本校的藝術課程，不僅開設了音樂、舞蹈、繪畫、書法、古琴、陶藝、泥塑、表演等藝術實作課程，還有藝術欣賞的課程，更還有藝術史，藝術評論及美學理論，並舉辦系列的課外藝術展演活動，是一套包含

藝術創作、藝術欣賞、藝術史、藝術評論、美學理論的完整課程。

七、導入自我變革的教與學理念

身處在一個「信息社會、全球化、知識經濟」促動的嶄新情勢下，變革是生存之道。教與學的革新是我們這一世代的老師和學生所要共同面對的時代課題。本校通識教育中心近年來致力於導入教與學上自我變革的理念，頗有成效。如：民國 92～96 年本校通識教育中心獲教育部顧問室推動的個別型人文社會及通識教育改進計畫補助者，累計有 4 位教師，共 9 門課；97 年度提升為 2 位教師共 3 門課程。95～96 年度，通識中心進行的革新實驗性課程累計有 12 門，97 年度在此基礎下，逐步開設符合時代潮流的革新實驗性課程，現今通識中心進行的革新實驗性課程有 44 門；民國 95 年開始，通識教育中心有教師自發地組織教學行動研究小組，對自己的教學做行動研究，促進自己教學技能的提升，並發表行動研究報告，目前已成立三個教師教學研究社群；更有許多通識教師開始在原有的課程中融入探究式學習（research-based learning）、自我導向學習的理念與方法，形成一種全面性的、自我變革的校園風氣，建構師生共同成長的學習型社群。

通識教育的改革，不僅在課程結構與內涵上整合通識與專業，更希望能創造專業教師與通識教師相互對話的機會，建構支持教師與學生從事自我變革的系統環境，落實對醫學專業學子的完整教育，期許能形塑未來理想醫界畢業生，在掌握他人生命與健康福祉時，回歸我們期待他們擁有豐富人性寬容與關懷的教育目標。

第十一節　產學合作與大學教育品質

近年來，面對全球化的時代，世界上客觀環境的挑戰與競爭，國外第

三世界經濟快速崛起與臺灣產業迅速外移等諸多因素衝擊下，臺灣產業如何創造國際競爭力，創造出關鍵性技術已成為臺灣產業的重要目標之一，因此加速提升臺灣知識與創新能力，以強化臺灣產業國際競爭力，已成為未來臺灣產業能否開展新局的重要關鍵因素。面對國際化的競爭與社會價值的多元化，大學教育的本質已由原先的學術與教學，漸漸的擴展到社會責任，商品化的知識隱藏在各大學中，產學合作有助於國家發展與整體競爭力的提升，如何將隱藏的知識轉化為具有商業價值，創造知識商品化，產學合作與產業人才培育乃為主要機制之一。因此，藉由研究開發成果的專利化、技術授權及衍生公司等商業運作，將大學內的研究成果的擴散與轉移到產業，跨越業界與學界的分壘，融合基礎研究及應用發展，已是未來大學教育的方向之一。

美國自 1980 年代即以拜杜法案開始積極鼓勵產學合作，歷經多年努力，已有豐沛之經濟效益出現，臺灣國科會自民國 80 年開始，即大力推廣產學合作計畫，將大學校院內所擁有豐富之研發人才與資源推廣於產業，與企業合作，提升企業研發與產品品質。且自民國 87 年 12 月科學技術基本法通過後，將研發成果下放各大專校院，使各大專校院可自行運用及推廣研究成果，更加促進產學合作活絡，使學校與企業能透過產學合作共同成長，提升國家競爭力，創造三贏的目的。

本校產學合作目標，係以社會需求為方向，發展產學合作與產業人才之培育，提供國內產業所需，以因應全球化自由經濟市場的影響，透過大學的教育創造出優質產業人才與技術扮演產業價值鏈之關鍵角色，提升國家競爭力。大學在政府與產業間扮演中間者的角色，透過政府挹注產學計畫主導科技創新活動，將政府、學界及業界三方面的資源整合，發揮新科技的商品化產生關鍵作用，提升產官學研整體知識創造效益，提高產業競爭力與促成國家發展。本校產學合作發展重點除以校內現有的資源進行

產學合作計畫推動，並將研發成果以智慧財產權形式保護，將技術移轉授權給適當廠商，同時培育校內進駐之中小企業發展，亦透過大學內部的知識教育，將智慧財產保護運用，及「創意、創新、創業」三創精神，融合產業成功人士之實務經驗，提高學生與產業之連結，培育出產業所需之人才，導入產業，創造產業新動能，同時為協助校內知識商品化，針對校內已成熟之技術，協助輔導成立校園衍生新創企業，鼓勵師生創業，將知識導入產業實體化。

　　配合產學合作之理念與目標，找出本校產學優勢，協助產業發展，為研究發展處之推動主軸之一，有鑑於本校為專業之醫學大學，除基礎研究外，更致力於開發貼近產業之技術，配合學校各項鼓勵措施，近年來已有亮眼成績。

一、產學合作整體績效深受各界肯定

㈠本校民國 95、96、97 連續三年於財團法人高等教育評鑑中心基金會辦理之大專校院產學合作績效評量私立高教體系中皆名列前茅，並列為「96 年度爭取企業機構產學經費與效率」頂標學校之第一名。

㈡民國 96 年通過行政院農業委員會委託社團法人中華民國管理科學學會所進行之研發成果管理制度評鑑，為全國大專院校第三所、私立學校第一所通過。

㈢民國 97 年榮獲教育部之「產學合作優質學校」。

㈣民國 97 年榮獲「績優中小企業創新育成中心」——最佳特色獎。

㈤民國 97 年榮獲國科會頒發之傑出技術移轉貢獻獎。

㈥民國 98 年再次榮獲「績優中小企業創新育成中心」——最佳特色獎。

(七)民國 98 年榮獲國科會頒發之「績優技轉中心」。

二、產學合作與國際接軌，貼近產業需求

本校積極執行國際產學合作案，合作國家包含美國、荷蘭、德國、法國、英國、比利時、紐西蘭、新加坡、日本、韓國及大陸等 11 個國家，顯示本校產學合作水準已獲國際知名廠商肯定，同時生醫光機電、生醫材料、數位醫療、健康食品及中草藥研發為本校產學合作重點發展主軸，迄今 178 件健康食品字號中，有 39 件約 22% 由本校協助企業取得。

三、發展產業關鍵技術，優質技術商品化

本校三項技術榮獲 2008 第六屆國家新創獎，獲獎比率居全國大專院校之冠，民國 96 年研究所醫學系謝銘勳教授以「三維外科手術模擬系統及方法」專利獲得國家發明獎銀牌獎，民國 97 年本校醫學系曾啓瑞教授與生物醫學材料暨工程研究所楊維中副教授再次以「利用檢知生化標記之子宮內膜異位症檢測方法與生化標記」專利獲得國家發明獎金牌獎，民國 98 年該校生物醫學材料既工程研究所鄧文炳教授以「體外椎間盤組織培養系統暨再生藥物篩選平臺」技術獲 2009 第七屆國家新創獎。

除發展關鍵技術受各界肯定外，本校更積極將技術導入產業界以促進產業技術提升，技術移轉績效成效卓越，民國 97 年技轉金額達 3,137 萬元，累積至今本校百萬元以上之技術移轉案已達 15 件，顯示北醫所研發之技術，不僅是貼近廠商需求的關鍵技術，更受到國家級的肯定。

四、全國生技類高額技轉金，締造低成本高價值之技術

民國 96 年簽定全國生技類高額技轉金 4,500 萬之技轉案「醫療器械表面處理技術平臺」，此外，民國 97 年本校生醫植體暨微創醫療研究中心歐耿良主任在國科會張文昌副主委見證下，將國科會補助 50 萬元研究

計畫之衍生技術，以總金額 3,138 萬元之授權金技術移轉予產業界，繳回國科會 460 萬元，投資報酬率高達 46 倍，締造國科會最高投資報酬率之計畫案件，民國 98 年又再次以將國科會補助 41 萬元研究計畫之衍生技術，以總金額 1,800 萬元之授權金技術移轉予產業界，投資報酬率達 41 倍，創造絕佳的投入產出比。

五、創新模式營運育成中心，加速進駐企業發展

本校慎選進駐企業，舉辦定期座談會，以主動輔導代替被動諮詢。同時進駐企業需與本校簽定合作培育計畫，實質進駐，加強校方與進駐廠商之合作，實質合作方能將校內知識導入產業，促進產業技術創新，民國 96 年本校進駐廠商亞洲瑞思生物科技股份有限公司，以「發芽糙米用於製造富天然膳食纖維、GABA、IP6 及腸道益菌的方法」專利獲得國家發明獎銀牌獎，育成績效斐然，自民國 92 年 8 月成立迄今，累積培育 43 家企業，協助企業投增資 7.08 億元，協助取得 28 件國內外獎項與認證，並協助企業取得補助計畫達 1.56 億元。

六、導入產業知識與人才，培育產業專業人才強化銜接就業 市場

本校除與企業簽訂建教合作外，還聘任進駐企業高階主管擔任專任教師，不僅強化校方與產業互動，更可將企業家精神默化莘莘學子，同時為因應全球化產業知識經濟發展，結合本校資源，並導入產業需求知識，成立臺北醫學大學「生技產業創業學程」，結合專業技術領域、財務金融、創業管理、產品開發、創業入門、市場行銷、智財權、營運計畫、同時邀請產業專業人士蒞校分享，使學生達到標竿學習，培育具創業精神之生技產業專業人才。

以上成果皆顯示本校不論於創新育成、產學合作、技術移轉或研究發

展上都獲得國家的肯定，北醫以豐富的產學合作經驗，為產業界及學術界建立起雙贏的交流平臺，協助企業進行產學合作及培育人才，建立互助互惠之產學合作系統，並強化學生與就業市場之銜接機制，提升實務教學品質，為產業培養人才，使學校教育與社會發展結構產生良好的互動模式，增進社會經濟價值。

第十二節　國際排名、標竿學習與大學教育品質

高等教育最重要的目標為替國家社會培育深具國際競爭力的人才，為國家開創經濟願景，並為社會教育出各行各業的精英份子，以全面提升人民的生活品質及創造社會的福祉。隨著科技的進步、經濟的成長及交通的發達，世界各國間教育及學術的交流越來越頻繁，出國留學在世界各國已經漸漸成為一種普遍的現象。因此，世界各國的高等教育除了培育本國的精英份子外，更迫切的思考如何能吸引世界一流的國際學生，經由自由競爭的方式，拓展本國學生的視野，栽培出深具國際觀、競爭力及遠見的本國學生，以期在未來大幅提升國家在全球研發及經濟發展的競爭力。由於世界各國越來越重視大學教育，為了更進一步提升大學教育品質，因應越來越普遍的出國留學現象，幫助學子更進一步選擇適當的學府出國進修，針對世界各國之大學進行評比不僅提供留學生選擇出國留學的重要指南，更成為各大學提升高等教育進行標竿學習的重要驅動力。

目前世界上較具規模並且受高等教育界普遍接受的世界大學排名有 QS 世界大學排名（QS World University Rankings）及上海交通大學所進行的世界大學學術排名（Academic Ranking of World Universities, ARWU）。QS 根據六項指標來進行世界大學排名，其中包括學術同儕評比（Academic Peer Review, 40%）、雇主評比（Employer Review, 10%）、教師學生比例（Faculty Student Ratio, 20%）、教師論文平均被引用次數

（Citations per Faculty, 20%）、國際教師比例（International Faculty, 5%）及國際學生比例（International Students, 5%）（請參閱表 3-3）。上海交通大學則是根據四項指標來進行世界大學學術排名，其中包括教育品質（Quality of Education, 10%）、教師品質（Quality of Faculty, 40%）、研究產值（Research Output, 40%）、學校加權表現（Per Capita Performance, 10%）（請參閱表 3-4）。

表 3-3　QS 世界大學排名指標

指標	說明
學術同儕評比（40%） （Academic Peer Review）	根據五個領域學術同儕問卷所獲得之評比（2009 年有 9,386 份有效問卷）
雇主評比（10%） （Employer Review）	根據雇主問卷所獲得之評比（2009 年有 3,281 份有效問卷）
教師學生比例（20%） （Faculty Student Ratio）	根據大學教師與學生比例所計算之評比
教師論文平均被引用次數（20%） （Citations per Faculty）	根據大學教師所發表論文平均被引用次數所計算之評比
國際教師比例（5%） （International Faculty）	根據國際教師占大學所有教師比例所計算之評比
國際學生比例（5%） （International Students）	根據國際學生占大學所有學生比例所計算之評比

資料來源：QS 世界大學排名網站：http://www.topuniversities.com/。

表 3-4　上海交通大學世界大學學術排名

指標	說明
教育品質（10%） （Quality of Education）	根據大學畢業校友獲得諾貝爾獎或 Fields Medals 的人數所計算之評比
教師品質（40%） （Quality of Faculty）	1. 根據大學教師獲得諾貝爾獎或 Fields Medals 的人數所計算之評比（20%） 2. 根據大學教師在 21 個研究領域發表高引用率論文的人數所計算之評比（20%）

（續）

指標	說明
研究產值（40%） （Research Output）	3.根據大學教師在過去五年內發表在自然 （Nature）或科學（Science）雜誌的論文數目所 計算之評比（20%） 4.根據大學教師於前一年在 SCIE 及 SSCI 所發表 論文的總數所計算之評比（20%）
學校加權表現（10%） （Per Capita Performance）	根據上述指標所獲得之分數再除以大學教師總人 數所得到的加權指數

資料來源：上海交通大學世界大學排名網站：http://www.arwu.org。

　　臺北醫學大學十分重視全面品質教育（Total Quality Education），並全面提升北醫的教學品質。近年來臺北醫學大學投入大量經費全面提升教學品質，至今已經連續四年獲得教育部補助教學卓越計畫近三億元，並以此經費建置即時反饋互動教學系統、建構跨學系團隊學習課程、推動全面品質教育課程總體檢、發展通識核心化及行動典範式教學，鼓勵教師革新教材並獎勵教學創新之教師，從多方面著手全面提升北醫的教學品質。

　　臺北醫學大學全力提升北醫教師的研發動能。近幾年來臺北醫學大學除了從國科會每年爭取約二億元的研究經費外，經由產學合作及與結盟醫院的策略聯盟每年約可再增加二億元的研究經費，再加上從衛生署、農委會、經濟部及國家衛生研究院等機構申請約二億元之經費，一年的研究總經費約有六億元。教師發表 SCI 或 SSCI 論文的數目也從 2005 年的 488 篇成長到 2009 年的 808 篇，教師平均發表 SCI 或 SSCI 論文的數目也從 2005 年的 1.34 篇成長到 2009 年的 1.98 篇。上述的資料顯示臺北醫學大學近年來投注大筆的經費於研究發展，研究論文成長的績效有目共睹。

　　邱文達校長於 2008 年就任臺北醫學大學校長以來，除了全面提升北醫的教學品質及激發北醫的研發動能之外，也積極將北醫推向國際化。邱校長經由主動吸引優秀的外籍學生及教師加入北醫的行列、充分拓展與國際知名學府建立姊妹校、開創國際醫療服務及推動參與世界大學排名等

多管齊下的方式，全面加速北醫的國際化。在邱校長領導一年多來，北醫國際化的程度有目共睹，目前與北醫締結姐妹校的國際知名學府已經達到 85 所。在推動世界大學排名方面，北醫也成立世界大學排名推動工作小組，積極參與 QS 及上海交通大學所舉辦的世界大學排名，以目前北醫教師論文平均被引用次數在 QS 世界排名第 222 名來看，相信在不久的將來，北醫將躋身世界五百大學的行列。

第四章　國家品質獎八大構面核心價值及實踐──以臺北醫學大學推行全面品質管理為例

第一節　領導與經營理念

一、前言

　　一個組織是不是能在各方面的表現卓越不凡，與領導人是否重視以全面品質管理為核心有關。重視品質的領導人，他會去想、去聽、去學習、去參與，並推廣應用，提供清楚的策略選擇，樹立引導的原理、原則，衡量與改善績效，獎賞對品質有卓越貢獻的個人、群體（團隊）或部門。

　　領導與經營理念最主要的精神在了解一個機構中，最高管理階層如何清楚闡述其價值觀、對組織的期望、組織文化的塑造、如何替利害關係人創造最大的價值、組織對社會的責任及貢獻，且要引領組織持續進步及永續發展。

　　高階領導層的領導者必須要組成一個經營管理的團隊。最高領導人要引領這個團隊去設定組織的願景，塑造組織的中心思想，並把這些組織的核心價值傳遞給組織內的所有成員，讓他們產生共識並作出承諾，努力實踐。除此之外，領導人還要去創造各種策略、計畫、制度、方法及流程來實現願景，達到卓越績效及提升組織的核心能力。

　　領導團隊尤其是高階領導者必須有能力做到以下四方面：

　　㈠**克服員工對變革的抗拒**：領導人不是藉由權力與控制來領導員工，

而是應以分享價值觀與目標來克服員工對變革所產生的抗拒。

㈡**能夠周延處理利害關係人各方面的要求**：遇到各方面要求，尤其是有衝突時，領導人要能夠找到方法來滿足利害關係人的要求，而不是欺騙或刻意順從任何一方。

㈢**建立一個社會責任與組織倫理架構並且取得認同**：領導人要時時溝通組織的理念、文化、使命，以及期望達到的願景，強化及明確告知組織所堅持的社會責任與倫理立場。

㈣**領導人要扮演積極、熱心的角色模範**：領導者於組織中應以身作則，積極參與組織內的活動，並激發與鼓舞所有員工積極參與、發展與學習、發揮創新與創造力。

國家品質獎評定第一構面領導與經營理念方面，共從五大面向來評量：

㈠**經營理念與價值觀**：領導者的領導風格；主管的參與程度；經營理念與價值觀是如何形成？是否普遍受員工的了解及接受？提供良好的教育訓練及全員參與的 TQM 活動。

㈡**組織使命與願景**：組織使命與願景如何形成？是否符合且適合組織發展？高階領導者能否清晰說明組織使命與願景且敘述其內涵？是否訂有相關策略及方案足以落實及達到願景？

㈢**高階經營層的領導能力**：領導者自身的學經歷；是否創造一個激勵且持續學習的環境並親自實踐參與？是否積極尋求互補及合作的策略夥伴，以發展組織的新機會？對於未來的領導團隊是否訂有完整的培育計畫？

㈣**全面品質文化與塑造**：高階領導者是否積極投入全面品質活動？是否參與且支持各項品質策略，使其落實於各部門的作業中？領導者要時時傾聽顧客的意見及需求，以作為推動相關活動及策略的參

考：組織內是否建構網絡及充分授權，以科學化的方式執行及追蹤各單位績效的達成情形？

㈤**社會責任**：組織內應有一完善的設備及維護措施來保護所有員工，明確訂定相關環境保護及勞工安全的政策與目標，在整體空間的建構上更應符合且重視公共安全與環境衛生。高階領導者應經常支持且參與社會公益活動，落實組織對環境應付之責任及價值。

二、臺北醫學大學推展全面品質管理之實例

臺北醫學大學自 1994 年起即將全面品質管理之理念導入學校運作，自此每年度舉辦之校務研討會更設定相關主題共同討論。本校推行全面品質管理之歷程共可分為三個階段：

㈠**民國 83 年第一階段「導入期」**：邁向改大之路及爭取萬芳醫院經營權。

㈡**民國 88 年第二階段「扎根期」**：成功改制大學、建設萬芳醫院為高品質績效醫院及爭取到雙和醫院經營權。

㈢**民國 97 年第三階段「精進期」**：學校整體校務提升、雙和醫院開幕、邁向 50 週年，北醫大健康醫療體系成立。

2007 年邱文達教授接任北醫校長及成立教育品質中心後，除持續全面品質管理的投入及深耕外，更加強理念共識的傳承及落實。為使學校組織成為一多元活化、更臻健全及邁向永續經營之國際醫學大學，全校教職員凝聚共識、全員參與，持續為高品質之大學教育組織而努力。

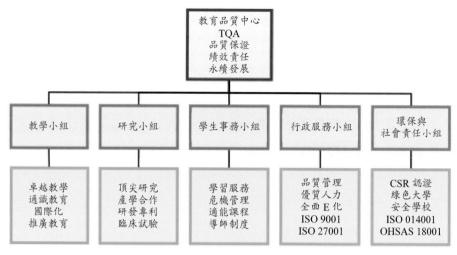

圖 4-1　臺北醫學大學教育品質中心組織圖

㈠組織使命、願景及核心價值

經營理念及核心價值是引導一個組織理念、信仰、思想、策略、流程與行為最重要的部分。北醫自 1960 創校至今，經過無數前輩及醫者的用心，本校雖已奠定良好的基礎，但深切了解必須以國外頂尖大學為標竿，全力以赴，迎頭趕上世界潮流，並與全球接軌，才是永續發展的方向。屢次於學校各級會議中討論治校理念、高教政策、全球化議題及因應策略方針，擬定應致力的三大面向：

1. **改變思維**：北醫已成為擁有 7 學院，教職員工、醫護人員及學生總數超過 12,000 人的國際級架構，發展成為國內外醫學重鎮。唯有改變過去的思維，以更大格局為北醫全面提升服務、教學與研究品質，隨時因應環境而做快速的改變，這樣才能使北醫永續生存下去。

2. **創造特色**：了解北醫的特色，正確定位，走出自己的路，北醫具有許多發展潛力的重點研究，經妥善整合規劃，並投注人力、物

力全力發展，未來可成爲最具特色的醫學大學。

3. **社會責任**：北醫多年來校友在社會回饋及服務上表現傑出，獲得各界肯定。所以今後更須擴大社會責任，樹立良好的典範，爲臺灣盡更大的心力，才不辜負當初創校精神。

爲落實本校之經營理念與價值觀，高階領導者於各級會議及活動中向全校教職員生傳達經營理念與價值觀。每年度高階主管舉辦主管共識營，教師、職員及學生座談會，更透過《北醫電子報》、《今日北醫》、即時訊、文宣出版刊物及網頁等刊載相關內涵及公開各項資訊。除校內主管教職員生外，更於新生家長座談、畢業典禮、校友會活動及校友會等機會中，讓家長及校友一同了解本校的經營理念與價值觀。迄今，全校各單位配合校方經營理念與價值觀亦訂定出關鍵績效指標，每學年初各單位進行年度回顧與展望分享研討會，充分討論，追蹤、檢討及共同提升績效，落實各項經營理念與價值觀。

本校之使命與願景爲歷任領導精英們所重視且奉爲治校之重要指引。在學校歷經改制大學，接辦臺北市立萬芳醫院，乃至接辦署立雙和醫院等，在少子化、經濟衝擊、國際化及重視社會責任的今日，使命與願景在一校三院全方位的溝通層級中得以將經營理念與價值觀傳承與落實，亦充分發揮溝通協調與全員參與的精神，讓本校得以在瞬息萬變的大環境中，適應、成長、精進與創新。

本校溝通與共識之層級分爲三大區塊，由下而上分別爲學院系所之會議、行政處室之會議、各小組委員會議等，上至主管、行政、校務會議、共識營及校務研討會等，最後與董事會充分溝通的董事會各小組及董事會議。由上至下，由下至上，循環透明的溝通機制，凝聚全校教職員生之共識。

北醫自創校以來，發揮「誠樸」校訓精神，堅信核心價值：⑴人文

（Humanity）：重視全人教育；(2)卓越（Excellence）：追求多元創新；(3)服務（Services）：強調社會責任；(4)永續（Sustainability）：落實綠色大學；(5)全球化（Globalization）：拓展國際視野。透過循環之溝通機制，充分學習標竿國際大學教育趨勢，研商高教政策及北醫面臨之優劣勢和機會點，再配合領導者之治校理念及學校中長程發展計畫，形成本校之教育使命「培育兼具人文關懷、社會服務熱忱及國際觀的醫事專業人才」與「成為國際一流的醫學大學」之願景。

圖 4-2　臺北醫學大學使命、願景與核心價值

㈡**全面品質文化的塑造**

　　組織經營的成敗有賴於全體成員的同心協力，共同因應環境之改變而形成的特有生存之道，使組織持續成長，稱為組織文化。組織文化必須隨著環境的變遷而調整，不能跳脫傳統窠臼者，即步上衰亡之路。組織文化的塑造重視領導者的角色：建立願景、塑造文化及分配資源。組織文化是組織無形的統治者，是至高無上、威力無窮的；組織文化亦是成員對其所屬組織共享的信念與價值觀。我們只要步入一個機構，就會感受到一種獨特的氣氛，組織文化樹立了組織的風格，塑造所有員工共有的行為模式。

組織文化影響每位組織成員的行為，組織的績效深受組織文化的影響，攸關組織的成敗。

　　成功的機構皆具有其獨特的組織文化，企業過去及現在的高階主管及領導人，往往是最能影響組織文化的關鍵性人物。領導人應發展對機構有利的組織文化，領導人對組織的看法及期待，可透過會議再三強調並與員工進行有效溝通。領導人對危機處理方式，可創造新的信念、價值觀、清晰的願景及目標等，且運用語言、符號及儀式強化，設計某些制度、規章來表達及獎勵等。

　　組織文化常以簡單的口號及標語、一首歌及表徵，讓全體成員銘記在心，展現共同的風格及行為模式。組織文化是北醫成員的共同信念與價值觀，攸關北醫的成敗，北醫須依據現有三單位的生命週期，建立重視績效的組織文化以跳脫傳統，因應環境的巨變，避免在競爭中落後。要把消磨於內部的能量轉化成外部能量，促成生命週期的轉變。

　　本校領導階層在各級會議、共識營及正式、非正式場合中明確表達校方理念及品質文化，以產生身教言教的影響。上至校長、副校長、行政一級主管、學院院長、系所主管及各二級主管，乃至於各級教師及職員等均能清楚了解學校教育使命、核心價值與願景。學校必須建立支配性及強勢文化，搭配業務導向的二院及未來雙和之次文化，共同推動北醫的核心價值。北醫的新品質文化架構，重視三項文化內涵：(1)重視績效、品質與創新；(2)強調團隊精神；(3)尊重員工個人價值。

圖 4-3　臺北醫學大學新品質文化架構

　　校方爲塑造品質文化，全方位推行全面品質管理（Total Quality Management；TQM）的理念，其最重要的精髓爲：

1. **優質領導**：品質開始於頂層（Quality start at the top），透過組織文化及共同願景，把品質納入管理系統。

2. **全員參與**：建立全員參與的品質管理組織系統，並對全校員工實施教育訓練。

3. **持續改善**：以滾球理論基礎，有系統的實施多元品質管理的追蹤及改善。

4. **顧客導向**：從學生及社會環境的需求來推動教育品質的觀念，爲學生提供比競爭對手更理想的教學、研究及服務。

　　一校三院除各項會議及活動不斷宣導及深化品質觀念，更是在全體同仁的票選及共識下建立品質標語，讓一校三院員工了解組織對品質的重視及品質對機構的重要性，亦時時提醒各同仁，北醫大體系以身爲社會上之一份子，以品質回饋於社會，以品質爲北醫大肩負之最大社會責任，以品質期望得到北醫永續及世界一流醫學大學之願景。

㈢社會責任

企業社會責任是時代共同的語言，作爲高等教育機構，大學對於人類社會之永續發展，扮演著重要的角色，推動一校三院環保與社會責任，更是刻不容緩。本校目前已完成企業社會責任（Corporate Social Responsibility；CSR）報告書，並通過國際標準 AA 1000 驗證，爲全國第一家教育機構通過驗證，陸續三家附屬醫院亦全數通過 CSR 社會責任驗證。我們決心將醫學事業的北醫推升爲國際級且負社會責任使命的綠色醫學大學。

1. **重視環境保護—綠色大學**

自 2008 年起強化 ISO 品質管理系統觀念，以「品質是北醫卓越頂尖的保證」爲口號，全校行政單位率先全國各大專院校挑戰 ISO 9001：2008 國際標準的最新版本，且自 98 年度起全校全面推動 ISO 14001 環境安全及 OHSAS 18001 職業安全衛生系統驗證，爲成爲肩負企業社會責任頂尖大學之領航者而持續努力。而由學生主動發起塔樂里宣言簽署活動，於學校舉辦環保節能研討會，更獲選教育部綠色大學示範學校第三名。除校本部外，本校所興建及經營之雙和醫院更獲得內政部「綠色建築獎」，是全國第一所獲獎的醫院。

2. **推展全民健康與傷害防治運動**

⑴**腦外傷防治與推動安全帽立法**：本校對腦外傷研究已進行 21 年，共收集 167,036 病例，爲世界最大之腦外傷資料庫之一，多項成果在亞洲地區已居於領先的地位。二十一年間共執行 37 項計畫，發表 223 篇國際論文，並於 1997 年 6 月 1 日促成安全帽立法，11 年來每年減少機動車傷害死亡約 3,000 人，使事故傷害由十大死因第三位降至第五位。最受重視的二次介入（Intervention）研究，分別發表於 JAMA（1995）及 AJPH

（2000），2006 年獲世界衛生組織（WHO）推薦為開發中國家推動安全帽立法成功之案例。同時獲王民寧獎、教育部獎章、美國匹茲堡大學 50 週年獎、APACPH Contribution Award、第十七屆醫療奉獻獎、2008 年行政院衛生署衛生服務獎章等殊榮。WHO 於 2006 年 8 月 29 日發行全球第一本《道路安全專業決策執行手冊》，其中特別提到臺灣是唯一實施成效顯著的亞洲國家，證明本案執行成效卓著受國際矚目。

(2)**國家空中緊急救難中心**：本校傷害防治研究所蔡行瀚所長自民國 91 年起接辦衛生署及消防署「全國空中緊急救護中心及國家遠距醫療中心」，至民國 97 年 4 月 30 日止共救援 2,182 人次，且均未發生任何誤判及飛安事件，並配合離島醫療品質之提升，顯著減少非必要性之飛行航次共 246 件，中心成立之前每月平均航次為 43.18 航次，目前每月平均航次為 21.63 航次（下降率為 49.9%），節省政府龐大預算，每年超過一億元，對醫療及社會有重大貢獻。亦因此榮獲民國 94 年國家品質標章及國家生技醫療品質獎、行政院 94 年度搜救有功人員獎之榮譽及榮獲社團法人國家生技醫療產業策進會「2008 國家新創獎」等殊榮。

(3)**推廣無菸餐廳及推動菸害防制立法**：本校公共衛生學系韓柏檉教授自民國 91 年起結合民間企業執行衛生署「無菸餐廳推廣計畫」，已完成全國超過 10,000 家無菸餐廳推廣。民國 93 年深入社區遊說，結合近百家餐廳打造「無菸餐廳一條街」造成風潮，也複製北醫經驗由點到面，帶動政策與教育民眾無菸意識。民國 93～97 年由陳叡瑜副教授執行衛生署國民健康局的職場菸害防制輔導中心計畫，共輔導 400 家以上職場，另於民國

94、95 年度執行衛生署國民健康局的大學院校校園菸害防制計畫，95 年度在全國三十多所推動學校中榮獲績優推動獎，績效卓著。在無菸餐廳及無菸職場的推動下，國民健康局通過菸害防制法修正案，通過第十五條三人以上共用工作場所全面禁菸之規定，形成目前全面性的無菸環境。

2. 志工服務——**關懷弱勢族群**

為關懷國內外醫療弱勢地區，學生自組服務性社團，利用寒、暑假前往臺灣偏遠地區，如花蓮縣豐濱、富里鄉、臺東縣太麻里鄉、南投縣仁愛鄉等地；更延伸醫療觸角遠至國外，如馬拉威、泰北、南印度、非洲史瓦濟蘭等。為提供服務地區穩固的基礎衛生教育，近三年執行深耕計畫，每年固定前往國內臺東縣太麻里、國外南印度，民國 98 年增加非洲史瓦濟蘭，協助當地衛生教育工作、輔導社區環境衛生及保育、加強醫藥常識之宣導。以 96 學年度為例，共有 23 隊出隊，出隊人數共 920 名志工，出隊人數達本校總人數約 18%，就是這份熱情與活力，推動著這群未曾涉世的醫學大學學生，帶著他們所特有的熱情活力，盡在校的所學所能服務人群，並且體會服務的真義。

北醫大體系員工援助災胞獻愛心，參與莫拉克水災援助活動，全體教職員工自發性舉辦一日薪捐助行動，向災民同胞伸出援手，發揮「人溺己溺」的人道精神，協助同胞盡速重建家園、共渡難關。相關主管南下深入了解災情，受災最嚴重的為臺東縣金峰鄉嘉蘭村部落，共計 64 戶（約 2/3 村舍）被土石流沖走，相關主管在了解金峰鄉嘉蘭國小郭傳宏校長、太麻里大王國中的需求後，提出小太陽關懷計畫，將於中繼屋建置數位學習中心，命名為「臺北醫學大學——小太陽電腦自學中心」。

3. 投身國際醫療，拓展國際外交

鑑於發展中國家醫療體系未臻完整，人民往往無法獲得基本的醫療照

顧，本校遂於 2005 年起，開始進行國際醫療交流事務，近年來協助巴拿馬、瓜地馬拉、馬紹爾及帛琉等國評估當地醫療概況、提供臨床醫療服務與醫事教育，此外亦派駐醫療團長駐史瓦濟蘭提供當地民眾醫療服務。另外提供瓜地馬拉、史瓦濟蘭醫事服務人員至本校附設醫院進行短期代訓，協助提升兩國臨床醫學水準，增進國際外交。

4. 醫療奉獻

本校素有服務隊扶助醫療弱勢地區之優良傳統，北醫師生為醫療奉獻的熱情及特質亦充分反映在生涯發展及待人處世上，使得臺北醫學大學獲得醫療奉獻獎人數居醫療校院最高之一，獲獎人數達 15 人，其中除各屆校友屢獲該獎肯定外，本校第九屆董事長謝獻臣及現任校長邱文達亦曾因其醫療方面特殊貢獻，分別獲頒第十屆及第十七屆醫療奉獻獎（參見表4-1）。

表 4-1　臺北醫學大學獲得醫療奉獻獎名單

得獎屆別	姓名	畢業屆別	得獎屆別	姓名	畢業屆別
第一屆	林勝利	醫學系第 11 屆	第十六屆	蔡孟宏	醫學系第 10 屆
第一屆	全文章	醫學系第 16 屆	第十六屆	劉啓群	牙醫系第 15 屆
第一屆	吳秉騰	醫學系第 16 屆	第十七屆	陳博憲	醫學系第 5 屆
第一屆	楊綏生	醫學系第 16 屆	第十七屆	邱文達	現任校長
第六屆	劉增應	醫學系第 19 屆	第十九屆	黃健榮	醫學系第 18 屆
第十屆	謝獻臣	9－11 屆董事長	第二十屆	楊茂銀	醫學系第 16 屆
第十一屆	秋賢民	醫學系第 14 屆	第二十屆	林鴻津	牙醫系第 15 屆
第十五屆	姜仁智	醫學系第 19 屆			

第二節　策略管理

邁入二十一世紀，正式宣告全球企業 e 化的時代來臨。在地球村的概

念下，國家與企業如何以全球化的經營策略及市場謀略理念，在政治、經濟與人才的角力間，獲得先機，掌握贏的策略，進而開創永續經營的策略績效，以維持其優勢的國際競爭力，已成為當前刻不容緩的課題。

有鑑於此，各國在全球化競爭壓力的策略思維模式下，驗證出唯有具備執行持續性、永續改進、不斷創新的品質管理能力之企業與團體，方能於此國際競爭態勢中勝出。因此，各國無不藉由國家品質獎最高榮譽的授予，激發各界執行全面品質管理之動力，藉由拔擢經營用心、效能優質，以創造高品質產品之團體，樹立標竿典範，促使各界凝聚競爭優勢，以因應國際環境之變遷與外來之挑戰。

在歐、美、日等先進國家，即以設立「國家品質獎」作為提升產業及組織績效的指標，1951 年日本首創戴明獎，1961 年成立第一個品管圈，1970 年設立日本品質管理獎；1987 年美國國會成立國家品質獎；而歐洲，1991 年起歐洲品質管理基金會（European Foundation of Quality Management；EFQM）公布歐洲品質獎及歐洲品質賞兩大獎項；我國則於 1990 年參酌美國國家品質獎、日本戴明獎及歐洲品質獎評核機制，同時結合我國中小企業之結構特色，成立國家品質獎。

而「教育類」獎項至 1999 年由美國國家品質獎制定，將其應用於教育和醫療產業；2000 年歐洲國品獎首度出現教育類得獎者；我國則於 2001 年增設「機關團體獎」，供醫療、教育、金融、保險、貿易、工商服務、財團法人、社團法人等政府單位以外之團體申請。元智大學首度於 2003 年出線，成為國品獎第十三屆教育團體之受獎人，此後淡江大學（2009 年第十九屆）及臺北醫學大學（2010 年第二十屆）分別獲獎，目前全國僅有三所大學獲得此項殊榮。

一、整體策略規劃

　　總體策略規劃意涵在於高階經營者針對總體社會、經濟環境的變遷、組織於市場競爭力之優劣勢等面向，就組織未來技術發展、市場定位、競爭力及組織可獲得資源的能力，定期進行策略規劃，並規劃適當之流程及成員之參與。策略的內容應能滿足組織之使命、願景，並兼顧短、中、長期的經營需求，以及所有利害關係人的利益。

　　而當前國品獎之「機關團體獎」評分標準與審查機制，對教育機構之評核係採用與其他行業類別相同之標準。事實上，在高等教育體系中，針對經營績效評估制度之標準，是更形複雜的。大學之特性與一般營利組織不同，在競爭愈趨激烈的高等教育市場，其經營模式亦非如同過往歸屬於非營利組織，如何在學校的教育理念與市場導向間求取平衡，實有賴於高層經營者是否能以具全球視野之策略願景，謀定總體之定位與發展，方能經營並創造具備核心競爭力之高等教育體系。

　　身為高等教育機構的經營者，除與國家、企業體共同面臨全球化競爭壓力外，更須直接面對少子化時代與全球頂尖人才競爭的多重壓力。而導入國家品質獎八大構面之核心價值，運用「全面品質管理」（Total Quality Management；TQM）模式引為學校經營績效評估檢核之標準，以進行經營績效提升，藉此提升教學、研究、服務及行政品質，並達成確保學術優異、品質保證的目標，是為教育體系的一大挑戰。

　　以總體策略規劃而言，成功的策略管理在實戰應用上必須以高階的經營管理團隊為最高策略思維（Strategic Thinking）、策略願景（Strategic Vision）與策略領導（Strategic Leadership）三大方針進行運作。因此，策略管理者與領導者之功能與任務除分析策略目標（Strategic Objectives）、競爭環境（Competitive Environment Analysis）、資源整合與分配（Resources Integration & Allocation）及策略執行力（Strategic

Implementation）之外，尚須涵括下列關鍵要素（Key success Factors；
KSF）方能引領組織立於不敗之地：

㈠**具全球視野的策略願景**：1.具有能見度、曝光率；2.變革速度（指
　企業應變力）；3.企業價值觀。

㈡**了解全球市場脈動與國際市場競爭態勢**：須了解全球化策略與國際
　市場行銷策略、戰術與執行方案之策略意圖、策略規劃與策略調
　整。

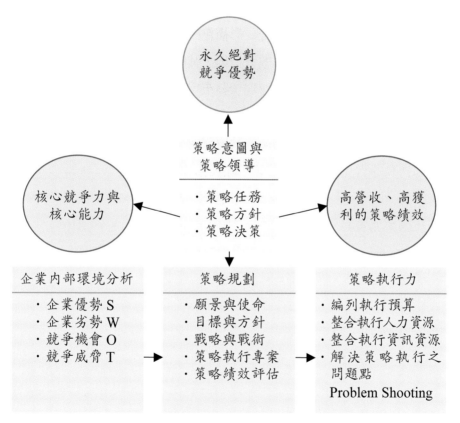

圖 4-4　策略意圖與策略領導的三大關鍵成功因素

資料來源：許長田《策略管理》p.117。

而依據國家品質獎的評核要素，策略管理者與領導者在執行總體策略規劃時，必須考量：

㈠如何運用組織與內部之資訊（如：組織能力、核心能力、競爭能力、經營能力、客戶以及市場的需求、供應商/伙伴的能力、最佳實務、競爭對手）來進行分析。

㈡是否提供教職員可共同參與發展之策略。

㈢是否依據學校短、中、長期策略及目標，進行策略研擬與規劃管理。

㈣是否考量自身的潛在能力、客戶需求、競爭對手表現與標竿組織等因素，制定具挑戰性之組織目標。

以臺北醫學大學為例，整體策略之形成源自於組織經過審慎的內外環境 SWOT 分析，於高階領導者與策略管理者間產生共識，據此訂定組織之使命、願景、核心價值、目標後，即擬定策略、行動方針等計畫。此一形成之過程具有其層級性與邏輯考量。

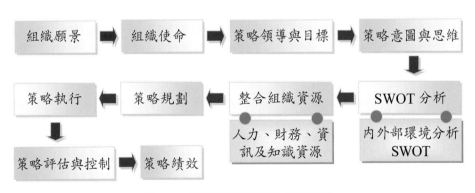

圖 4-5　組織整體策略形成流程圖

資料來源：許長田《策略管理》p.55。

二、經營模式

依據美國國家標準與技術研究院（National Institute of Standards and Technology；NIST）定義，經營模式係為績效管理提供系統性的認知，並且反映一項有效的、先進的、可供衡量的管理實務，以及國家品質獎評獎的依據。歐洲品質管理基金會（EFQM）更進一步說明，經營模式的主要內容，應以企業之經營自評為工具，以標竿學習與典範分享為確認改善方向的指引，從而由此形成企業經營思路與共通語言的基礎，以及組織管理系統的架構。

由於全球經濟環境變遷，市場整合加速，使得企業體莫不聚焦於如何突破現況，以優化組織營運與強化競爭優勢。為因應組織價值創新的需求，運用卓越之經營模式（Excellence Model）進行成長策略規劃與標竿管理，是目前歐美最受歡迎的經營管理工具。依據貝恩管理顧問公司於 2005 年的調查結果顯示，業界最常使用的三項管理工具依序為：策略管理、顧客關係管理與標竿學習。

《趨勢指標調查》（Trendsetter Barometer Survey）同時指出：使用標竿資料庫與同儕企業進行比較的企業，比未使用的企業成長速度加快 69%，生產力提高 45%。而根據一項由歐美學術機構（The University of Leicester, Linkoping University and Georgia Institute of Technology）長達 11 年之聯合追蹤調查發現，有效導入、應用卓越經營模式，甚或因而獲頒獎項之企業，無論是短期或是長期，均較同產業同規模之其他企業，有明顯之財務績效領先現象（資料來源：經濟部工業局促進企業卓越經營計畫）。

以臺北醫學大學為例，自 1960 年創校迄今已達 50 年，以一校三院之龐大規模，建構出醫學專業大學及醫療金三角團隊。在過往十年間為「展步邁進‧追求卓越」的重要關鍵期，全校持續進行改革與精進。在現階段

的高階經營者、策略管理者與組織全體成員的共識下，將「成為國際一流的醫學大學」之目標，訂為全校總體發展之願景。

為達成「成為國際一流的醫學大學」之願景，現任高階經營者於 2008 年上任後，即以多場主管共識營研習活動，將全面品質管理（TQM）概念導入現行之經營模式中，期使透過組織內各層級之優質領導，配合資訊策略之應用與管理，並考量顧客（學生／學生家長／教師／潛在顧客──高中生／社會大眾）之需求以及未來市場發展性，進行策略之規劃、研發與創新，同時運用人力資源與知識管理之優勢，以妥善之流程管理，進行卓越之經營。自 2009 年導入國家品質獎八大構面之檢核機制後，更促使管理階層得以持續性的進行自我績效評估。我國國家品質獎現行之評審項目及整合架構詳如圖 4-6：

在全面品質管理理念的執行下，策略規劃者即以滿足教師、學生及社會需求為主要考量設計，並在品管機制中，融合教學評量、課程審查與學

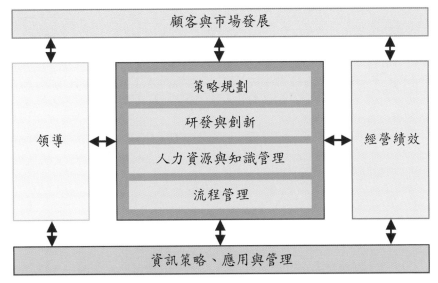

圖4-6　我國國家品質獎現行之評審項目及整合架構圖

生學習成效評估作為教學考核依據，以產學合作績效與研究成效評估為研究考核依據，佐以各類滿意度調查為各項作業考核參考；而在前端的投入面，將嚴選師資、多元甄選入學、遴聘與培養行政人員、經營高品質之醫療團隊，以及建教合作機構與各型育成、研究中心之結盟合作，視為重要之輸入端；輔以中長程計畫、教學卓越計畫、頂尖研究計畫、國際衛生醫療計畫之策略執行，與內、外部資源挹注、經費執行與管考機制，產出具備人文關懷及社會服務熱忱與國際觀之醫事專業人才（詳見圖4-7）。

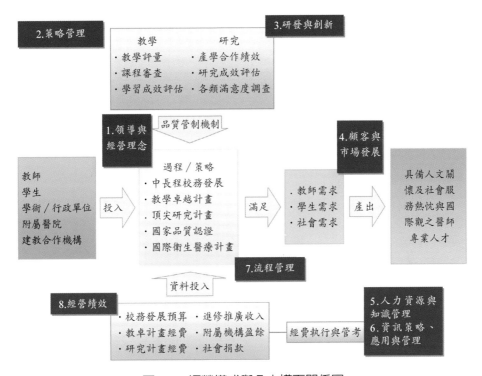

圖 4-7　經營模式與八大構面關係圖

三、策略執行與改進

整體策略的策略規劃與所有的管理程序相同，在執行過程中，任何一項工作均可能出現問題，而導致策略之失敗。一般常見的問題來自於：㈠環境、條件、策略、行動之間缺乏對應關係；㈡總體策略構想不明；㈢組織溝通與領導風格不佳；㈣資訊不對稱所帶來的困擾；㈤缺乏獨當一面的人才；㈥權力問題；㈦策略與行動的差距；㈧過分迷信策略規劃與制度的作用。

由上可知，策略的成功關鍵在於組織之實質競爭力，以及策略之執行力，而非策略計畫書。策略規劃是組織學習的過程，並非行動的絕對準則。策略來自組織內所有成員不斷在執行過程中進行分析、思考、驗證、改進，而將所有流程確實做好，在長期累積的組織學習中提升自我的專業能力。而策略規劃的核心來自於策略思維，而非制度，當制度全數完備時，並不保證策略必定有效，過分重視制度，往往流於形式而忽略實質的結果。因此，當組織執行策略時，各部門的執行能力與溝通管道，將直接影響經營的最終結果。

現代企業經營的觀點，執行力的重要性遠大於制式策略的規劃。一般組織成員工作的心態在於 Do right things，即是在正確的時間做對的事做即可；但在不斷進行組織再造的企業體中，組織成員除 Do right things 外，更需 Do things right，即凡事應全力以赴，把事情做對、做好，方能具備高度之執行力。

國家品質獎策略構面中，亦提示策略規劃之執行與改進內涵，言明總體策略規劃應以策略行動方案的發展與執行來達成，而策略行動方案應以達成組織策略為目標。對於資源、人力、可行性分析與風險等規劃內涵中所訂定之行動計畫，應排定其優先順序，並明定權責體系、溝通、追蹤管考、落後檢討、改善、計畫變更等機制，方能落實經營績效之評估與改進。

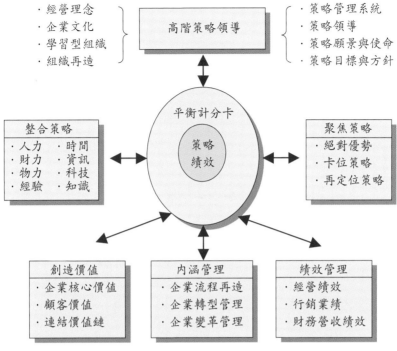

・經營理念
・企業文化
・學習型組織
・組織再造

高階策略領導

・策略管理系統
・策略領導
・策略願景與使命
・策略目標與方針

平衡計分卡

策略
績效

整合策略
・人力 ・時間
・財力 ・資訊
・物力 ・科技
・經驗 ・知識

聚焦策略
・絕對優勢
・卡位策略
・再定位策略

創造價值
・企業核心價值
・顧客價值
・連結價值鏈

內涵管理
・企業流程再造
・企業轉型管理
・企業變革管理

績效管理
・經營績效
・行銷業績
・財務營收績效

圖 4-8 策略執行的策略績效與平衡計分卡的互動關係

　　以臺北醫學大學為例，為落實組織使命、願景與核心價值，自 2008年起，由邱文達校長組成教育品質委員會，以 TQM、品質保證、績效責任及永續發展之精神，設立教學、研究、服務、環衛及倫理品質小組，由一級單位主管擔任各組組長，採取三上三下之策略規劃進行模式（詳見圖4-8），以小組為幕僚單位進行該組初步之策略與指標訂定；再由高階經營者與各單位策略規劃者進行幕僚單位之策略研議，並以組織未來之共識目標，修訂單位策略；高階策略共識會議所修訂之策略再度交付執行單位進行策略行動方針之擬訂，而後由高階領導者與各組策略執行者再度進行討論與審議，核定出總體策略與行動方案，交由各單位進行專案任務之執行，並定期進行管考機制，以落實持續改善目標。

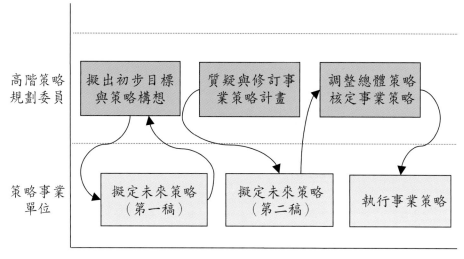

圖 4-9　策略規劃之進行——三上三下

　　循此策略規劃模式，由校長主導，在高階主管共識會議、校務會議及各級委員會與小組會議中，針對教學、研究、學務、行政、醫療及服務六大業務範疇，依其發展方向與實務需求，各自擬訂四項整合創新策略：㈠發展多元化：與國際接軌；㈡學習永續化：與趨勢同步；㈢人才優質化：與典範並肩；㈣制度前瞻化：與卓越看齊。同時由教育品質委員會擔任管考之責，明定各組任務如下：

　　㈠**教學品質小組**：卓越教學、通識教育、國際化及推廣教育。

　　㈡**研究品質小組**：頂尖研究、產學合作、研發專利及臨床實驗。

　　㈢**學生品質小組**：學習服務、危機管理、適能課程、品德教育。

　　㈣**行政服務品質小組**：人力資源、ISO 9001 及 ISO 27001。

　　㈤**環保與社會責任品質小組**：CSR、綠色大學、安全學校、ISO 14001 及 OHSAS 18001。

　　依據總體策略目標，透過落實國家品質獎八大構面之核心內涵規範，以及全面品質管理機制，各單位分別規劃相關之方針與行動方案，同時

遵循以學生爲主體之 PDCA 模式，作爲持續改善教育品質之依據。在全校教職同仁共同努力下，臺北醫學大學相繼完成 ISO 9001、ISO 14001 及 OHSAS 18001、綠色大學認證，成爲全國第一個取得永續社會責任報告書（AA 1000：2008 暨 GRI G3）雙項國際驗證的大學，更在 2010 年創校 50 周年之際，獲頒第二十屆國家品質獎之殊榮。

第三節　研發與創新

一、前言

　　在二十一世紀的變革中，各企業均處於全球化高度競爭的產業環境，組織之永續經營面臨著嚴峻的挑戰。爲了保持競爭力不墜，不管是一般企業界或醫療界，均須展現出對環境快速變動之體察，進而產生新視野、新思維，並配合資源整合後之新策略，以因應環境的新潮流。從諸多救危圖存之改革策略中，研發與創新是其中最重要也最有效的方式。若企業能善加利用，研發與創新可以用來改變組織文化、解決組織問題、轉換組織目標、完成組織使命、創造顧客價值，使得內外部顧客滿意度增加。研發與創新，一直是企業或產業奠定致勝的關鍵因素。但由於企業規模、相對資源和產業特性的不同，各企業所採取的研發行爲也有所區別。

　　由於二十一世紀全球化的效應，大學在知識經濟的創新上扮演著厚植國家競爭力的重要角色。因此，本校積極配合政府推動產業發展，將研究發展導向從基礎研究扎根，延展到產學合作技術移轉的產品輸出。

　　藉由挑戰國品獎的機會，透過對評選程序的了解，清楚將品管規範轉爲強化體質、增加競爭實力的參考標準，同時藉以重新檢視本校研究與創新的策略與發展方向。希望透過分享，讓許多想挑戰國品獎的各界精英團隊能更了解，使得高等教育機構達到共同追求學術卓越與一流品質的浪潮。

　　希冀藉由國家品質獎的挑戰，一方面能引導本校全面品質升級，另一方面讓追求品質的風氣變成我們的本質，使得臺北醫學大學繼續擁有國際競爭能力。

二、研發與創新衡量基準

　　國家品質獎對於「研發與創新」的定義為——研發與創新是企業立足之本；創新的具體表現在產生對社會有貢獻的新產品、新技術的不斷發現；創新並不僅是表現在產品的技術上，而應該包括更為廣泛的內容，如公司運作、客戶關係、員工管理等，都是創新過程中不可或缺的元素，為組織創造新價值。此一類別的評鑑內涵，包括：組織如何在組織結構、策略、管理模式、產品、流程、市場及品牌等方面的創新，同時也檢視這些創新如何被落實在公司的各層面及產生的效益上。

　　因此透過國家品質獎依據以下重點作該項衡量基準：

　　㈠**研發與創新策略及流程**：組織應有明確之研發與創新政策、制度及文化；並建立規劃、執行及績效管理之有效策略與流程，以達成組織策略目標。

　　㈡**研發與創新成果衡量**：研發與創新的流程管理須有完整的過程紀錄、成本監控、失敗的處理與有效的資源分配，並對成果有具體的衡量與改進的作業程序。針對研發創新成果管理、績效評估與推廣運用，應有具體作為及衡量方式。

　　本校就是遵循此基準以求達到學校品質上的改善，茲就以下實例陳述之。

三、實例說明

　　本校已逐漸朝向一流的醫學大學邁進，為提高研究品質，依據學校願景與目標以及外部資訊，擬定本校的競爭及研發創新目標，透過研發創新

策略的執行，提升研究能量、發展重點研究、推動跨領域整合與發展產學合作，以建立卓越的醫療品質及開發創新的醫療產品。

(一)北醫研究發展概況

　　早期北醫尚未成立研發專責單位前，僅有教務處的研究教學組，為使北醫學術研究能有專責單位負責，並能規劃長期學術研究，整合校內跨學門之研究、推動國內外之研究合作、提升學術研究水準，並促進與政府及產業交流合作，遂於 2001 年開始規劃籌設研究發展處（簡稱研發處），而於 2002 年正式成立。研發處成立迄今已經過數個轉型歷程，諸如初期是從教務處研究教學組轉型而來，其下設置企劃組、研究管理組、產學合作組三組；於 2003 年為因應當時國家政策及加強學術與產業交流，新增創新育成中心；2005 年更將學校既有之共同儀器中心及實驗動物中心納入研發處，以提供全方位之服務。2008 年研發處組織正式改組完成，為包含研究推動中心、產學育成營運中心、產學育成營運中心、實驗動物中心、共同儀器中心及生物統計暨研究諮詢中心的全功能單位。同時為了提升整體研究水準與資源作最有效利用，更將各領域研究中心整合併入研發處共通平臺，使所有研究服務全數到位，提供優質研究環境，蓄積研究能量，提升學校學術地位。

(二)獎勵創新研發激發研究潛能

　　早期臺北醫學大學受客觀環境影響，校內的研究風氣到 2001 年左右才開始普及，因為起步較其他大學遲緩，所以發展學術研究所需的人才、經費及空間都明顯不足。為積極延攬優秀研究人才，並鼓勵校內教師與主治醫生從事研究，因此本校積極制定各項獎勵及行政措施，藉此獎勵績優教師；同時為配合政府鼓勵產、官、學、研各界交流合作之發展方針，研發處也提供完善的研究配套制度為必要之基礎，激發教師研究潛能，並提升本校研發成果。幾年來成果卓越，除獲得政府機關的補助研究計畫（包

括國科會、衛生署、國家衛生研究院與其他政府機構）、產學合作計畫及結盟醫院計畫等方面的研究計畫件數及經費均顯著成長，學術研究獲獎率及教師論文發表也逐年大幅成長。

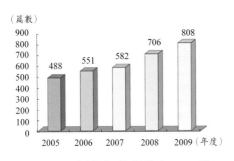

圖 4-10　近五年教師發表 SCI 論文總數

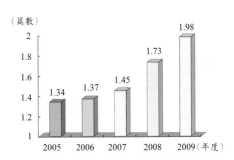

圖 4-11　近五年每位教師平均SCI 論文數

　　為持續提升學術競爭力，建構優良學術發展環境，除了針對學術研究有獎勵補助辦法外，本校也逐步增加新聘教師標準，並積極培植年輕、有潛力的教師和醫生，並把教師升等標準提高。同時修訂「教師評鑑辦法」，讓教師得依意願選擇量性評估類別（教學、研究與一般），分別依教學、研究及服務之各項權重進行綜合評鑑，以作為續任依據。

㈢**研究資源挹注**

　　學術發展建基於整體學術環境的素質，其中包括長期與穩定的研究經費來源。然而，本校受限於私立大學能獲得的政府補助有限，且無大財團資助，財務來源皆以學雜費收入及附屬醫院盈餘為主。相較於其他學校，本校得以提供予教師之研究經費及補助較為有限，因此，如何開闢財源增加研究經費益顯重要。極早本校即積極拓展外部研究經費，並委由專責單位主動積極企劃，並協助校內教師整合成團隊，以爭取業界科專、學界科專、國衛院等大型院外研究、多年期研究計畫；在此同時也藉技術移轉及育成中心廠商進駐等，藉策略聯盟或策略夥伴建立，贊助儀器設備建設及

研發基金來增加研究經費。此外，亦積極募款投入研究資源及設立研究基金。此外本校最大的資源就是研發人才和研發技術，藉育成中心運作，建立產學合作機制，以技術轉移研發專案，亦可作為學校的重要開發財源途徑之一。

　　目前本校除爭取國科會專題研究計畫外，同時積極拓展外部研究資源；在內部策略規劃上，則擬訂各項獎勵措施、行政輔導與資源投入，以因應國科會在核定專題研究計畫件數與通過率逐年下降之趨勢。以 97 學年為例，本校研究經費共獲 5.94 億元，主要來自於國科會、其他政府機構、結盟醫院計畫等計畫挹注，且國科會計畫經費僅占本校總研究經費 31.3%。顯示本校透過品質改善與流程管理，已逐漸發揮作用。

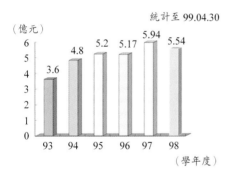

圖 4-12　教師獲校外研究計畫
　　　　　總經費

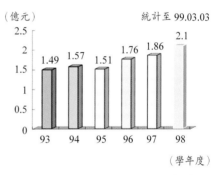

圖 4-13　獲國科會研究計畫總
　　　　　經費

　　除國內研究經費外，本校亦長期發展國際學術合作，為落實此計畫，本校與美國國家衛生研究院 NIH 簽訂學術合作，內容除交換學者外，還共同執行合作研究 MTBI 計畫，目前已有具體成果展現，獲得三年期「雙邊國際合作研究計畫」。

㈣鼓勵產學合作 提升產學績效

急遽發展成長的生技醫療產業，是全球產、官、學、醫界一致認定的新一波產業主角。面對此一影響未來甚鉅的國際競爭，臺灣必須加速生物醫學的上游基礎研究、中下游的應用開發，同時改善醫療產業環境，才能與世界先進齊肩並行。藉北醫專業生技醫療的研究能量，提供實質育成資源，強化與業界之產學合作效益。

1. 研究能量豐沛：由基礎至臨床全方位合作

在研究能量方面，北醫為醫藥生技專業大學，結合大學、三所附屬醫院（北醫附醫、萬芳醫院、雙和醫院）及萬芳醫院「卓越臨床試驗與研究中心」可觀的資源及研究能量，不僅能提供臨床實證醫學及理論基礎研究，且專注於發展醫學、藥學、生物技術、食品科技等相關領域之技術，培育輔導「醫藥生技產業」之創新發展。生技醫療產品之開發，多須取得臨床試驗報告，始得申請產品之上市核可。企業可藉由與本校教師之產學合作，或技轉其研究成果，進行基礎及臨床前的研究，再藉各附屬醫院的臨床驗證，完成產品的上市，透過研究回饋及良好合作關係，增加學校的後續研究資源，正面積極的產學合作循環機制，使北醫不僅是產業界最佳的合作伙伴，更藉由產學合作提升學校教師研究成果效益，進而促進生技產業的發展（詳見圖 4-14）。充分發揮北醫一校三院的整合綜效，提供產業界由基礎研究至臨床試驗一條龍的完整服務。

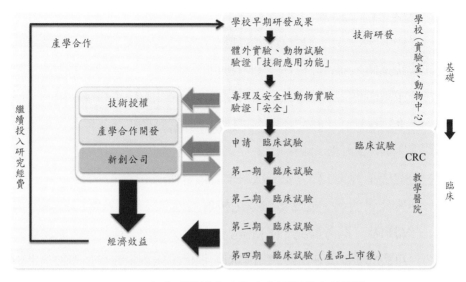

圖 4-14　臨床試驗結合產學合作以提供完整服務

2. 設立符合產業發展趨勢之研究中心：以優質研究成果開發產業利基產品

為了配合產業需求及領導產業發展利基產品，北醫針對產業需求建立各種專業生醫研究中心，集合學校教師在中草藥、保健食品、生醫材料、醫療器材、醫學美容等領域的專業，整合教師研究能量，配合產業需求及國家生技發展，提升學術研究的產業應用價值，同時推動研究成果的產業化。

3. 產學組織再造：單一窗口一條龍服務

在產學組織方面，建置專責單位「產學育成營運中心」（詳見圖 4-15），以單一窗口的運作模式，有效率地協助產業建立企業核心技術，進行技術與產品的開發，提供產學合作、創新育成、智財管理、技術移轉及衍生新創等核心業務。

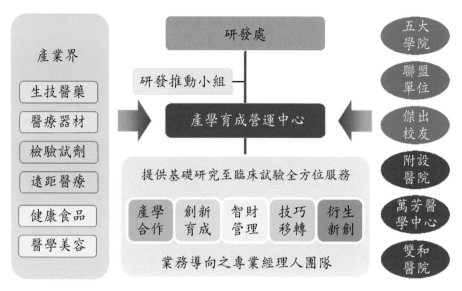

圖 4-15　產學運作模式——單一窗口產學服務

4.完善產學推動制度：鼓勵教職員生投入產業

針對產學合作、技術移轉、新創事業等機制，本校亦設置多種相關辦法與鼓勵措施，建構全面親產學校園制度。

5.開辦產學教育訓練

(1)學生產業知識扎根課程：於大學及研究所開辦「拇山產學論壇」，將「創業精神」深植入校內文化，以培養建立具「創意」、「創新」能力之人才為基礎，藉由產學傑出人士與專業人員之經驗傳承與分享，將創業的思想深耕入北醫之校園文化中，使學生能結合理論與實務，啟發生技醫藥領域之創業行動，培育未來生技產業的領導者。

(2)產業人員加值學程：經由規劃設立產業學程或研討會，廣邀國內智財、營運管理、財會及產業分析之專家，包含智財知識服務公司、各大專院校智財所與管理學院教授及相關單位資深專

業經理人等，增進產業人員生物技術外之專業知識。

　　(3)增進教職員產業新知：開辦產業相關知識研討會，包括企業財
　　會、營運管理、行銷業務、產業分析、生技法規、創業投資、
　　募資及稅務法律之系列演講等活動，邀請各界專家來校演講，
　　分享其專業知識。此外還組織校內熟稔產業語言之教師，組成
　　校內諮詢顧問團隊，藉由校內活動進行產學合作經驗分享，拉
　　近教職員與業界之距離。

四、具體研發成果

　　因應近年來政府大力推動之相關產學合作政策，本校以豐富的研發資
源及靈活的合作模式作為產學理念，在生技領域中尋找出具市場及應用價
值的研發重點，並以創新育成、產學合作或技術移轉方式協助產業，並提
供業界軟、硬體及專業知識，創造產業新價值。以校內卓越之研究能量為
基礎，建立親產學環境，提升產學合作績效，推廣研發成果，結合學術與
產業，達到產學攜手、共創雙贏，使本校成為國內一流之產學合作平臺，
成功將產業技術、產品或服務推向市場，具體成果如下：

㈠北醫為唯一獲教育部產學績效激勵計畫獎助之生技醫療專業大學

　　98 年榮獲由科顧組、經濟部、教育部及國科會共同推動之產學激勵
績效計畫三年約 5,400 萬元補助。

㈡獲教育部產學合作績效評量，連續三項指標皆名列前茅

　　財團法人高等教育評鑑中心基金會，民國 95 年開始針對全國 166 所
公私立大專校院進行評量，民國 95～97 年產學評鑑於私立高教體系中皆
名列前茅，更於民國 96、97 年連續獲教育部大專校院產學合作績效評
量中三項指標──「爭取產學經費與效率」、「智權產出成果與應用效
益」、「產學合作成效廣泛程度」前三名，積分加總為私立學校第一名，

並獲選爲「爭取企業機構產學經費與效率」私立高教體系頂標學校之冠。

㈢國內生技類技轉金指標案件與國科會投資報酬率最高技轉案

民國 97 年本校歐耿良教授所研發之「醫療器械表面處理技術平臺」與「奈微米轉印技術於針灸之製作平臺」兩項技術，均成功技轉於產業界，共創下國內生技類技轉金最高指標案件與國科會投資報酬率最高技轉案兩項紀錄。

圖 4-16　北醫大與京達簽訂「奈微米轉印技術於針灸針之製作平臺」授權案，技轉金達 2,300 萬元

㈣北醫三團隊榮獲 97 年度國家新創獎

在積極落實智財權觀念，同時提升專利獎勵措施下，北醫三團隊榮獲 97 年度國家新創獎，創下學術研究單位中唯一私校獲獎單位且獲獎比例爲學術研究單位之冠，顯示北醫所研發之技術，不僅是貼近廠商需求的關鍵技術，更受到國家的肯定。

表 4-2　獲 2008 年國家新創獎

獲獎項目	參賽團隊	參賽單位
表面多功能處理於生醫植體之研發與應用	歐耿良	臺北醫學大學生醫植體暨微創醫療研究中心
生長因子複合物對於促進人體退化性椎間盤再生	鄧文炳、章修綱、章修績、陳位存、羅文政、陳韋宏	臺北醫學大學組織工程暨基因治療實驗室

表 4-3　近五年產學育成營運中心所獲殊榮

執行單位	年度	內容
農委會	96	通過農委會之研發成果管理制度評鑑
教育部	97	榮獲「產學合作優質學校」
經濟部	97	榮獲「績優育成中心」──最佳特色獎
國科會	97	傑出技術移轉貢獻獎
行政院科顧組、教育部、國科會、經濟部	98	通過「產學合作激勵計畫」獎助
國科會	98	榮獲「績優技轉中心」
經濟部	98	榮獲「績優育成中心」──最佳特色獎

圖 4-17　歐耿良老師獲 2008 年技術移轉貢獻獎

　　本校經過長期的耕耘，產學合作、創新育成及技術移轉均分獲政府三
部會獎項肯定，顯示本校除提升研究能量之外，更積極創造親產學環境，
讓老師走出校園，掌握產業脈動，創造產學合作契機，更以增進大眾福祉
為首要任務。

圖 4-18　獲 2009 年績優育
　　　　成中心獎

圖 4-19　獲 2009 年績優技
　　　　轉中心獎

㈤榮獲「國家發明獎」殊榮

　　近年來本校專利數已累計達 106 件，民國 96 年醫學系謝銘勳教授更
以「三維外科手術模擬系統及方法」專利，榮獲「國家發明獎」殊榮。民
國 98 年本校曾啓瑞教授及楊維中副教授共同研發之專利──「利用檢知
生化標記之子宮內膜異位症檢測方法與生化標記」，亦榮獲 98 年國家發
明創作獎金牌獎，顯示本校技術品質優良。

圖 4-20　謝銘勳教授獲 2007 年
「國家發明獎」殊榮

圖 4-21　曾啓瑞教授獲「國家發
明創作獎」金牌獎

㈥創新育成績效斐然

　　本校於民國 93 年成立創新育成中心，累計至今已培育 43 家企業，並協助進駐企業投增資金額達 7.08 億元，中心亦協助企業取得政府補助計畫金額達 1.53 億，更成功輔導進駐企業興櫃，除輔導中小企業外，也積極輔導本校師生運用研發成果成立五家校園衍生新創公司，包括：

1. **椎間盤臨床治療技術**：固寶生技股份有限公司。
2. **牙齒超低溫冷凍保存**：立健生物科技股份有限公司。
3. **生技醫療實體通路**：綠杏事業股份有限公司。
4. **醫務管理顧問**：北醫大醫管顧問股份有限公司。
5. **中草藥及健康食品開發**：華笙生物科技股份有限公司。

㈦輔導廠商成果有成

　　在創新育成中心進駐廠商中，如膠原科技股份有限公司、國維聯合科技股份有限公司、生寶生技及瑞安等，多項產品皆爲本校教師自配方至劑型協助開發完成，已有多項已完成初步開發進入應用階段。

㈧進駐企業取得多項認證與獎項

　　近年來協助業界進行產品功能性驗證之案件成效斐然，至今健康食品字號中，超過 20%均由本校協助驗證通過，並協助廠取得 28 件獎項認證，包括 6 項國際認證、3 項衛生署藥品及醫療儀器許可認證。

第四節　顧客與市場發展

一、前言

　　顧客與市場發展主要在於檢視組織如何以市場導向的觀念，有系統的蒐集及分析市場趨勢，充分了解與掌握內部顧客及外部潛在顧客的需求，並確實掌握競爭者優劣態勢，有效的利用上述資訊作為組織研發、設計、作業及傳遞相關產品或服務給顧客的考量，透過商情管理及顧客滿意度等不同面向，適時了解、確認、修正、創造、選擇及執行組織策略（Hunt and Morgan, 1995），不僅要能滿足現有顧客需求，更要能進一步超越現有及未來顧客期待，持續創造顧客價值。

　　市場導向是組織對於外在各種環境變化所產生之內在因應措施的傾向，Narver and Slater（1990）認為市場導向在行為上包含了顧客導向及競爭者導向，意即企業本身除了要擁有目標市場中顧客的所有相關資訊外，還必須對於市場上所有競爭者的優勢、劣勢有所了解，才能增加在市場上獲利的機會。另外，Ruekert（1992）認為市場導向是向顧客蒐集資訊，以顧客的滿意為主軸，發展出能滿足顧客需求的策略，並確實執行策略以回應顧客的需求。

　　顧客滿意度的定義相當多元，綜合各領域學者有以下之定義：Howard and Sheth（1969）指出顧客滿意度是顧客對其購買過程中，對其付出與其所獲得的報酬是否適當的一種認知狀態；Oliver（1981）認為顧客滿意度是針對特定交易的情緒反應；Tes & Wilton（1988）認為顧客

滿意度爲顧客對於先前的預期與認知績效之知覺差距的一種評估反映。Kotler（1996）將顧客滿意度定義爲一個人所感覺的愉悅程度高低，係源自其對產品知覺績效和個人產品的期望，兩相比較所形成的。綜上所述，顧客滿意度是顧客購後的一種「心理的感受」與「情感上的認知」，若購買前的預期超越實際結果，則產生滿意；反之，則產生不滿。總之，運用顧客滿意度可幫助組織檢視策略、修正發展方向，以滿足甚或超越顧客需求與期待。

　　國家品質獎在顧客與市場發展構面，評估的重點有三項：

1. **產品（服務）與市場策略**：指組織基於市場發展趨勢與分析，並爲掌握目標顧客所據以發展之行銷策略，其內容包括產品及市場定位，定價策略、促銷與溝通及通路建構等。

2. **顧客與商情管理**：指運用資訊系統蒐集和分析顧客與市場相關訊息，以精確掌握市場脈動，及預測外部環境變遷對顧客與市場可能的影響。

3. **顧客關係管理**：指組織對於如何取得顧客、維持顧客關係、提高顧客價值，應用資訊與回饋，增加深化服務與客製化之程度。

　　以教育體系之大學爲例，主要顧客來源即爲學生，故掌握顧客來源亦成爲一重要課題。分析現今國內高等教育生態，大專校院數量遽增，自81 學年度至 98 學年度即增加 40 所大專校院，加上少子化的影響，推計 98 學年後至 105 學年，國中新生將大幅減少近 10 萬人，平均年減逾 1 萬 4 千人；全體在校學生總數大幅減少亦將持續延後 3 年，至 108 學年累計減少 34 萬 2 千人，平均年減逾 3 萬 4 千人，生源日益減少問題已顯現在國民教育階段。學生人數逐年遞減，大學錄取率屢創新高，邁入所謂「大眾化」（mass）高等教育階段，朝向「普及化」（universal）高等教育邁進，在「量」的快速擴充下，帶來「質」的隱憂，高學歷者占待業及失業

人口比例為所有教育程度中最高，部分系所業已面臨招生不足之危機，這些警訊都衝擊著傳統大學的定位，使得大專校院間競爭更顯激烈。

另外，市場訊息及資源流向都可能影響且改變市場趨勢，例如產業生態、人口結構、職場人才需求、新興產業趨勢、競爭者的競爭態勢、政府法令等，在知識經濟的時代，高等教育人才僅有專業知識已不足以符合市場需求，為了因應全球化後，世界已連成一張緊密的學習網，以及配合知識經濟的發展，產業快速更新和知識半衰期的縮短，教育必須積極進行調整和創新，才能擺脫磁吸和免於蒸發的命運。現在高等教育就是要努力把大學生造就成為人文精神、科學素養、創新能力的綜合統一的全面發展的人，培養學生適應多元且快速遽變社會趨勢的能力，以全方位的人才姿態才能面對無國界的競爭。

綜觀上述，顧客來源流向與市場發展趨勢，學校辦學方向與策略須因應時勢變局與挑戰，快速且彈性反應，以滿足日益複雜的市場需求。

二、臺北醫學大學顧客與市場面

本校為醫學體系教育大學，秉持「培育優質人才，深化醫療服務品質」為願景目標，隨時掌握市場趨勢、配合市場脈動，傾聽顧客聲音，分析顧客需求，作為擬訂未來發展方向、學校管理、創新培育計畫等之人才優化策略，以傳遞內外在知能及技能予顧客群，以滿足或超越現有顧客需求，並提供優質服務以提升行政品質。

外在透過就業市場、社會趨勢及人口結構擬訂整體發展策略，內在透過評鑑機制、教育訓練、創新課程及系所規劃，以提升學校教學品質，綜合各項規劃及行動方案，以建立完善之顧客體制並落實整體顧客服務滿意度。

顧客之定義涵蓋內外部顧客群，內部顧客為學生及學校教職員，外部

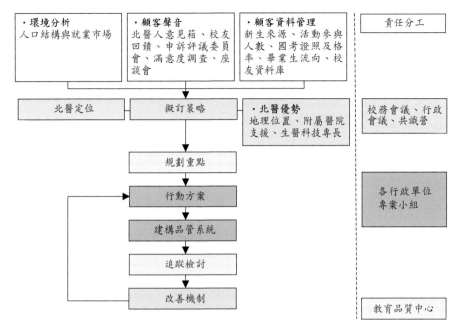

圖 4-22　本校顧客與市場發展策略流程圖

顧客爲高中生、學生家長、政府、企業雇主、畢業校友等，而學校須掌握顧客的需求且加以滿足。

　　本校爲培育優質醫療人才及促使其與國際接軌，首創「案例爲基礎的整合教學」（簡稱 C-BIT），並規劃「跨學系整合性學習課程」（簡稱 GOSCE），藉以提升學生學習技能，並多方面專研學習領域，加強臨床實診經驗。另爲因應市場變遷及趨勢，創設「牙體技術學系」及「老人護理暨管理學系」，以培養特殊市場之專業人才。本校除專門領域之研究學習於同質性大學院校居先驅外，外在著重於推廣適能課程以強健體魄，內在重視輔導學生社團及社會志工服務隊，以培養學生人文關懷素養。

　　針對顧客與市場策略及規劃重點如下：

㈠產品與市場策略

1. 掌握市場趨勢

⑴**發揮職場優勢**：本校幾乎各系所皆有其相對應之國家證照考試，在失業率居高不下的情況下，本校學生進入職場更具競爭力。

⑵**培養無國界人才**：在全球化高度競爭力中，大學國際化及各國精英人才的延攬，成為各國大學發展的重要指標。近年來，本校一方面不斷提升辦學素質，改善競爭力；另一方面，加強國際化，促進國際間的交流與合作，開拓學校與學生宏觀、前瞻的國際觀，是當前辦學的重要課題。本校提供國際化之課程，建構數位化網路學習平臺與國際化學習環境，加強校內與國際間之專業課程學習，增進本校教學與研究能量，以達到國際化水準，並全面推動全英文課程，進而提升學生競爭力；在招生方面，積極開拓國際市場，加強招收外國學生來臺和積極參加國際教育認證，以提升整體競爭力及新生報到率；學生活動方面，鼓勵海外服務隊及各項交流活動；國際交流方面，本校目前已與世界七十多所大學締結姊妹校，並進行實質之校際交流，透過交換學生、共同研究、雙聯學制等合約之簽訂，提升教學與研究成效。因此，每年補助師生出國參訪、延攬外籍教師授課與專題演講、海外醫療、學生交換見習、學生海外研修等國際交流活動案件超過百件以上。

2. 開發潛在顧客

⑴**鎖定目標顧客**：大學多元入學制度實施以來，增加了學生升學的選擇性與多元化，保障不同性向的學生，進入適合的學校就讀，接受教育與訓練。

⑵**增設特殊學生招生名額**：為顧及學生的受教權且善盡社會責任，自 99 學年度起，特別增設身心障礙生及體育績優生等招生名額，除了開發潛在顧客，透過完善教學及輔導措施，更能激發不同學生之潛在能力。

⑶**制訂學碩五年一貫機制**：為鼓勵優秀學生於大學四年級提早進入碩士班的攻讀學程及研究領域，以期縮短修業年限，於五年取得學士及碩士學位，特研議制訂一貫修讀學士及碩士學位（五年一貫）辦法。

3. **創新改革課程**

⑴**活化系所設計**：在科技整合的時代，藉由活化系所、系所整併過程，使系所發展符合市場需求，例如完成研究所整併，讓研究生依入學後之發展及興趣，更有彈性選擇研究方向。

⑵**創新教材及課程**：本校於 94 年度起首創「案例為基礎的整合教學」（Case-Based Integrated Teaching；C-BIT），縱向整合案例之教學，貫穿低年級（通識、人文、倫理）、中年級（基礎醫學）至高年級（臨床與應用醫學），橫向整合各學門（基礎與臨床各科）。C-BIT 以病人的案例，整合通識、人文、倫理、基礎醫學、臨床醫學及社區醫學課程，使醫學教育更具臨床相關性，讓學生能及早接觸臨床實例，縮短理論與實務差距。同時，本校提供多元整合課程：除持續開發由基礎至應用至臨床之教案設計，以及行動導向之融滲式教學外，並持續推動開放式學習課程（OCW）之建置，同時開發校際遠距教學課程。另外，並推出全國首創之 GOSCE──跨學系團隊整合型學習課程，除了可提升學生評估、檢查病患及病史資料蒐集的能力外，亦可培養學生團隊合作的能力，為學生邁入職場前提供重

要的職前訓練。

⑶ **強健體魄，推廣適能課程**：本校每年進行新生體適能普測，篩檢出體適能不佳之新生，進入追蹤輔導及補強機制，依照體適能檢測給予建議處方課程，共計八週，課程包含健身、皮拉提斯、瑜珈、拳擊有氧及飛輪課程，三年共計有 900 位全校師生參與，約 7,200 人次，確實輔導學生改善體適能，進而更培養其養成良好運動習慣。

圖 4-23　設置多元運動專區　　　圖 4-24　開設多元體育課程

㈡顧客與商情管理

1. 蒐集資訊分析趨勢

⑴ 區分定位：本校為醫療專業大學，於市場上功能及定位明顯與綜合性大學不同，更能朝向專精、更有深度的醫療領域發展。

⑵ **掌握社會結構及潮流**：因應人口年齡結構的改變，以及醫療美容、保健潮流，近年來本校新設「老人護理暨管理學系」、「牙體技術學系」，以培養老人健康照護暨管理雙重知能，及牙體技術之專業人才。另外，國內呼吸照護人口占健保支出大宗，為提供呼吸治療專業照護人員不虞匱乏，並因應呼吸治療師法之通過，本校於 92 學年度首先成立國內第一所呼吸治療學

系大學部。

2. 掌握顧客來源與流向

⑴在學生選校的同時，學校也要能選才，鎖定目標顧客，因此，本校逐年擴大甄選入學之名額比例，以招收符合本校各系發展特色之學生，甄選入學之學生對於自身興趣有明確的方向，學習自主性高且能積極參與各種課外活動，個性亦較為成熟，諸多特質皆為醫藥專業人員所必須。透過甄試入學，本校招收更多具有特殊才能或潛能，以及在各方面發展均衡之學生，將來成為專業醫事人員，始能達成本校造福社會人群的終極教育目標。

⑵**就業機會**：北醫醫療體系可說是大臺北地區規模最大，超過三千床的病床規模，醫療體擁有五千多名員工，目前正在建設之雙和署立醫院占地更高達 4 公頃，未來人力需求龐大，本校學生在學期間就有機會在大北醫體系見習、實習。另外，校方亦積極布局大陸醫療市場，成為學生的橋梁，提供更多更廣之就業機會。未來將研擬長期醫事人才擴充計畫，輔以雙和醫院之建設規劃，期以完整的醫事人才訓練，締造良好實習環境，造就北醫之競爭力。

3. 客制化課程

要培育終生學習的能力，必先從「以學生學習為本位」的角度著眼，才能讓學習者學以致用，為自己學習，並且樂於學習。基於此，本校以客制化規劃課程，舉口腔醫學院為例，為加強身心障礙人士的口腔照護，培養專業指導人員，特開辦身心障礙牙科醫療服務之醫療人員及輔助人員身心障礙牙科繼續教育訓練課程。另外為配合教育政策及社會發展需要，落實終身學習理念，提供回流教育，鼓勵終身學習。

4. 鼓勵終身學習

為配合教育政策及社會發展之需求，落實終身學習之理念，本校以績優之辦學態度，豐沛之教學資源，依循「擴大建教合作及終身教育」、「關懷社區並加強社區服務」，提供社會多元化的學習進管道以嘉惠社會大眾，進而提升國家的競爭力，近五年來除榮獲教育部校務評鑑，辦理校內外推廣教育相關業務最優單位之殊榮外，本校進修推廣部連續三年更以績優成績通過職訓局評核，承辦勞委會產業人才投資方案計畫，更是醫療相關領域大學之進修推廣教育中，全國最具規模與服務績效之單位，以提供優質精緻之多元課程。

㈢顧客關係管理

1. 多元交流及申訴管道

(1)**多面向溝通管道**：為暢通學生與學校溝通管道，確保學生抱怨事件均能獲得妥善處置，本校設有網路之「北醫人意見箱」，每一件反映事項均有專人追蹤處理及回覆進度，並有公開意見陳述之討論區，不定期舉辦「與學務長有約」、與系主任座談、班級會議等座談會，另外，各項重要會議均有學生代表參與，以廣納學生意見且建立多元溝通管道。

(2)**申訴處理機制**：設有「性別平等教育委員會」、「學生申訴評議委員會」處理學生申訴事件，接獲學生申訴，依流程召集會議，展開調查作業，做出評議後更進行後續追蹤與輔導，以確保學生權益。

2. 顧客滿意度評量

本校以多元方式評量顧客滿意度，針對行政服務、教職員對行政之滿意度及教學面向實施滿意度調查，建立完善之獎優懲劣機制，以教學評量為例，對於教學準備、教學內容、教學方法、教學態度、學習成效及學生

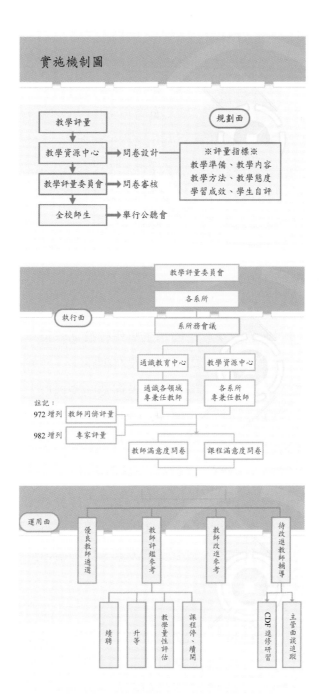

圖 4-25　本校教學評量實施機制圖

自評進行評量，除了可得知學生對教學之滿意度、對優良教師進行獎勵之外，針對評量結果不佳之教師進行面談追蹤或 CFD 進修研習輔導。

同時，藉由行政滿意度調查結果，作為各單位參考及自我檢視的依據，進而提出具體可行方案，改善服務滿意度；並納入工作績效評估，對外廣集人才，對內整合資源以提升服務效率與品質。

3. 持續改善服務品質

本校透過與畢業生之雇主進行溝通與回饋的良性互動模式，激勵系所進行課程改善與革新，本校藉由校友座談、校友回娘家活動、問卷調查、電話訪問、系統平臺填答、企業參訪、醫療機構醫教會、人力資源單位座談等各型活動之舉辦與企業雇主進行良性溝通，用以回饋至學校校務發展方向之制訂及系所課程之革新。以本校藥學系為例，經雇主滿意度調查結果反映，為更加強培養學生臨床調劑相關技能、藥物資訊能力，以及與病患的溝通方式，即於臨床藥學中心之臨床實驗課程中納入模擬訓練，教師可運用臨床藥學中心內建置的錄音錄影設備，協助改進學生在專業實務技能及應答方面的技巧。

4. 提供優質輔導

⑴**輔導社團活動，發展全方面品格教育**：本校雖屬醫學院校，學生課餘生活相當多元，社團依性質共分七大屬性，分別為學術、服務、康樂、聯誼、體育、學藝、自治，學生除精進課業外，也能依照個人興趣參與各屬性社團活動，培養人文素養、創新能力及增加同儕與人群關係。本校亦致力於推動社團舉辦全校及跨校性活動，輔導並培養具特色之學生社團，致使許多學生社團亦接連獲獎受肯定。

圖 4-26　培養人文氣質與藝術情操　　圖 4-27　本校多面向發展的學生
　　　　　　　　　　　　　　　　　　　　　　　社團組織

(2)**推動社會服務，培養醫學人文涵養**：本校師生共同組成的醫療
　　服務隊，每學期寒暑期皆由學生組成志工服務團隊參與服務，
　　足跡遍布全臺各偏遠地區，甚至遠渡重洋至海外義診，讓學子
　　體驗課本外的世界，以專業技能展現對生命的熱愛與關懷。

表 4-4　歷年服務隊出隊數及人數

學年度	95	96	97
服務隊數	23 隊	23 隊	24 隊
出隊人數	863 人	920 人	972 人

　　透過一次次的營隊與活動，本校學生的服務之心，一屆又一屆的繼承
下來，在培養出無數優秀醫療人才的同時，更有一份對人群的關愛、對社
會的責任，以及對生命的自覺。

圖 4-28　遠渡重洋至海外關懷弱　　　圖 4-29　展現醫療工作者仁心仁
　　　　　勢族群　　　　　　　　　　　　　　　術的情懷

　　綜合以上所述，本校在顧客與市場發展構面，透過各項資訊蒐集與分析，擬訂發展策略，並隨時檢視組織發展方向，不斷革新與進步，以期超越顧客期待。

第五節　人力資源與知識管理

一、人力資源核心價值

　　在二十一世紀高度競爭、追求卓越的時代，人力資源視為組織的重要資本，機構需要更多優秀且具潛力的人才，才能創造更多的優勢，因此善用人力資源，來提升組織效能，便成為重要的課題，更為機構人力資源管理的核心價值。

　　人力資源管理是在全面檢視組織在人力資源規劃、人力資源開發、人力資源運用、員工關係管理等作法，並訂出具體的執行策略，使組織有效率、更具創新與挑戰性，與組織使命、願景與核心價值相互結合。除積極創新、流程控管、教育訓練的投資外，組織與員工關係要建立互信、互惠的共通基礎，才能為員工與組織創造更大價值。

　　在「人力資源規劃」方面，學者各有不同的見解，如 Byars 與 Rue（1997）認為係指「於適當時間獲得適質適量之人才，使其適得其所的過

程」：如 Komo & Stella（1988）所建構之人力資源規劃模式，包含下列程序：㈠環境分析；㈡目的與策略分析；㈢內部人力資源分析；㈣預測人力資源需求；㈤發展人力資源策略與目的；㈥評估檢查等。

統言之，「人力資源規劃」係透過組織內外環境及人力狀況分析，以促進組織和個人利益為本，並於人力資源發展過程中，配合組織擬訂未來短中長目標之政策、計畫與步驟；並藉由人力資源管理，發現潛在人力問題，評估並確認人力需求，達成人力供需平衡持續發展之過程。

「人力資源開發」是機構永續發展的基礎，適切的人才培育，除可培養與激勵人才個人內在潛能，使機構、單位及個人的目標得以實現；並藉由計畫性的人才培育，使得機構得以在遽變時代的競爭中，提升核心競爭力，並妥善地將機構、單位及個人的目標結合在一起，發揮群體及個人努力最大的綜效，維持組織持續性發展並自高度競爭的環境中脫穎而出。

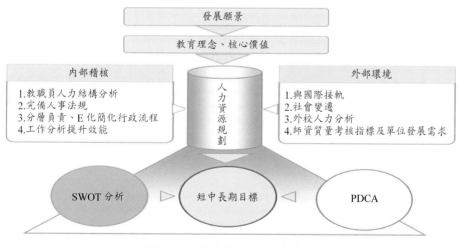

圖 4-30　人力資源規劃模式圖

「人力資源運用」是順應潮流之趨勢與經驗隨著機構特色與發展階段，擬訂更具彈性的規範與制度等配套措施，並依公平公開公正原則執

行、不斷檢討與改進，落實員工參與與建議制度，衡量績效，強化員工職能及組織競爭力。

「員工關係管理」是人力資源管理重要的一環，組織重視企業倫理、社會責任與員工權益，在互信、互利的前提下，組織與員工資訊與知識共享，進行環境的改善與創新，建立鼓舞與激勵員工機制、挑戰性與成長性的和諧工作環境，使員工更加滿意，樂於為組織創造更大績效。

綜觀本校人力資源管理機制，在「人力資源規劃」方面能針對人力資源外在環境之變化，將學校發展目標與人資發展目標作有效的連結，彙整及運用相關資訊隨時檢討修正，並透過 e 化簡化作業流程、建立機制徵聘一流專業人才提升人員品質；「人力資源開發」方面建立品質團隊，強化員工的能力與動機，深化培訓組織內所需之人才，並促進組織績效與個人成長，提升競爭力，建立組織與員工雙贏機制。「人力資源運用」包括人才任用、升遷制度和輪調制度的設計，能針對教職員工之生涯發展進行規劃設計，並落實員工參與與建議制度協助員工進行自我評估，衡量並改善績效，強化教研品質與創新能力及建立正確工作價值觀。「員工關係管理」涵括的範圍包括：激勵制度、員工福利、勞資關係、工業衛生與安全，本校透過多元溝通管道，落實員工問題診斷與輔導，並衡量員工工作滿意度，作為組織改善的依據。

在少子化衝擊，大專校院間競爭更顯激烈，公校退休制度又比私校情況優渥下：本校為 50 年歷史學校，為因應學校及附屬醫院擴充及國際化趨勢，人力政策與管理必須積極進行調整與創新，以共同提升學校競爭力及人才培育優質化為職志，隨時掌握市場脈動，擬訂整體發展策略，以人為本，傾聽員工聲音，重視員工權益，並透過評鑑等內部稽核改善及教育訓練機制，提升品質效能，建立更完善之人力資源管理機制。

二、臺北醫學大學人力資源發展成果

㈠人力資源規劃

以臺北醫學大學的人力資源規劃發展歷程為例，北醫依據短中長期目標及現有人力結構，結合內外部資源，檢視修正並訂出年度人力資源發展計畫，列入年度計畫中執行，並以 PDCA 模式作全盤分析，不斷創新與改善，保持靈活彈性，協助組織檢視結構以因應未來發展需要，並創造更大績效。

茲列舉北醫在人力資源規劃項目中重要改善活動如下：北醫在發展歷程中透過完善人事 e 化作業提高工作效率，節省用人成本；並配合組織發展規劃，預測人力需求，徵聘優質與適量人力，有效整合運用學校暨附屬醫院各類人力資源。

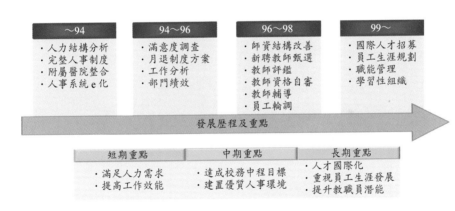

圖 4-31　北醫人力資源發展歷程及重點

1. 完成開發人事整合性系統，持續提升作業效能

民國 90 年初規劃建置人事管理系統，民國 94 年初教師聘任、升等、評鑑、薪資管理、差假、考核、保險、員工名錄等均全面進入 e 化管控，簡化作業流程及成本，另作為全校各單位資訊平臺，堪為全國私校最完整之人事系統，配合組織發展運作持續改善及提升效能中。

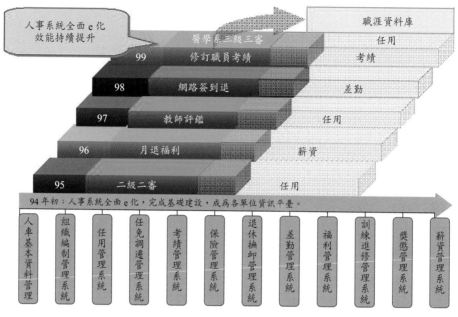

圖 4-32　北醫人事整合性系統

2. 完備新聘甄選制度，確保師資之卓越

　　爲招募一流優質人才，並使所聘師資專長領域能符合發展之需要，本校訂有新聘甄選小組設置及作業細則，完善甄選制度；如規定申請新聘教師之研究論文積分五年內需達 375 分或 RPI 達 50，並具備英文授課能力等基本條件，經由新聘教師甄選小組審議後，向各級教評會推薦，以培育深耕國際化一流人才。

3. 增聘優良師資，提升國際化及師資結構

　　積極徵聘資深且具國家級學術地位之教師駐校，並以聘任助理教授級，具博士學位者爲新聘教師之考量原則，以目前教師結構已明顯逐步提高助理教授以上之比例。未來一年內將達成 90% 目標。98 學年度全校生師比預計降至 10.5% 以下。

㈡**人力資源開發**

北醫的人力資源開發理念在強調組織文化的塑造，凝聚團隊共識，未來願景目標之落實與評核，北醫依不同屬性人員量身打造不同訓練管道，建構完善多元的能力培育體系及專案品質團隊為員工創造價值，使北醫大體系發展成學習性組織。

1. 全員參與提升品質，共創卓越頂尖

為持續提升行政品質，達成學習永續化與趨勢同步之目標，北醫設有品質團隊及專案小組，積極投入品管活動，並透過員工參與、開放分享式溝通解決問題，並藉著評比與評鑑作為學習品質改善的工具，創造一個激勵個人終身學習與組織持續學習的環境。

2. 成立教師發展中心，協助教師生涯規劃與發展

為提升教師教學、研究及服務品質及能量，並協助教師自我成長，北醫設有教師發展中心；基於尊重教師之各別專業能力理念，落實分級輔導機制，規劃舉辦教師專業成長課程，以因應本校教師各別專業成長之需求，其具體培訓成效，包括教育訓練場次、參加人次及每人受訓時數逐年均有顯著增加。

3. 人才培育計畫，激勵與活化人才動能

在追求機構永續經營與卓越理念，配合校方「追求研究、教學及醫療深度」之年度工作目標下，學校結合附屬醫院主軸標的、各單位及個人目標，展開一系列人才培育之現況盤點與未來規劃，其具體內容包括：

⑴專題短期進修：確立發展特色確定人選出國。

⑵國內外碩、博士學位：規劃年輕同仁以求學術永續。

⑶現有教職之升等規劃：提升教師研究論文發表能力。

⑷主管培訓：EMBA 或訓練參與公共服務。

⑸制度配套：行政法規財務資源規劃分配。

期藉由組織、單位及個人目標之整合落實與深化，提升品質，創造組織與員工雙贏的局面。

㈢人力資源運用

人力資源運用方面制度，包括人才任用、升遷制度、生涯規劃和輪調制度的設計，北醫依教師及職員進行雙軌制規劃，並重視教職員職能發展，培育一流醫學人才為目標，以教師在人力資源運用特色為例：

1. 教師聘任升等制度完備，獲教育部肯定

93 學年度起獲教育部授權為教師自審觀察學校後，積極規劃推動各項措施，以建立完備之教師聘任體系；除致力改善師資結構外，期間歷經教評會改制二級二審修訂校、院級相關法規、規範公正嚴謹之著作外審制度、新設新聘教師甄選小組、配合大學法修訂教師評鑑辦法、增訂彈性薪資要點及師鐸獎獎勵辦法等重要革新。於 98.05.22 經教育部訪視評議後，教育部正式授權自 98 學年度起本校獲自行審查教師資格。

獲教育部正式授權自行審查教師資格後，北醫仍持續精進教師聘任升等作業，以完備教師聘任升等制度，亟盼面對高等教育大眾化與競爭趨勢

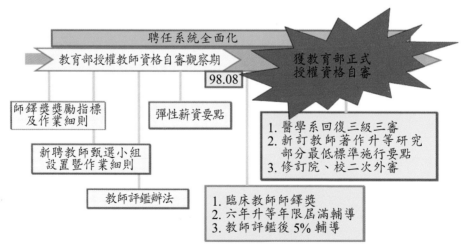

圖 4-33　北醫教師發展規劃體系

達到健全審查機制、延攬優秀師資、營造優良環境、協助教師創新發展，維持師資品質及追求學術進步目標。

2. 教評會之分級改制，落實各學院（系）特色

配合大學法在學校教評會之分級、組成方式及運作規定由各校自訂下，北醫率各公私立大學風氣之先，於 95.09 起將各學院改制二級二審制，施行一段時日後，定期檢討修正，考量系所之規模與運作機制，建立 dual-tracks 作法；99.08 醫學系回復三級三審制。

教評會之分級改制其具體效益如下：

⑴優秀師資延聘管道流暢。

⑵縮短審查作業流程。

⑶教師申訴案件減少。

⑷落實各學院審查特色。

3. 教師評鑑量化指標，激發教師教研績效

依大學法有關教師評鑑精神並在教育部宣導教師評鑑制度下，北醫於 95.12.06 通過「教師評估準則」，明定各級專任教師評估辦法；97.05.21 修訂為「教師評鑑辦法」，除教師可依個人發展選擇評估類別外，並標定各級教師在教學、研究、服務與輔導等評核指標之權重比例及評分標準，及未通過評鑑之教師核處方式（評分排序之後，5% 得審議為不通過）；年度教師評鑑結果除送教師自我檢視落點評分及各學院參照外，亦為教師升等分數之計算基準，以及教學及研究獎勵之重要參考，並對於成績不佳的教師進行輔導，提供專業發展策略之諮詢。

4. 多元評量方式及量化標準，建構公平合理升等制度

本校教師著作已建立嚴謹外審制度，訂定並落實外審作業要點之規定，升等著作均須送校外專家學者評審。著作審查由系（醫學系）、院組成專案小組初審通過後，送校教評會院、校外審委員圈選小組各圈選三位校外專家學者審查。並增訂教師著作升等研究部分最低標準施行要點，明

列論文積分標準，提升教師研究水平。

㈣員工關係管理

北醫視員工爲最重要的資產，爲建構公平優質的人事環境，除健全管理制度外，並有多項激勵員工等獎勵及福利措施；我們重視勞資關係和諧、暢通學校與員工間之溝通管道，不定期舉辦座談會，於校務會議、校教評會、人評會等重要會議均有教職員代表參與，並進行年度滿意度調查，作爲組織及單位改善的參考依據。

1. 月退制度（增加退休金福利）實施，彌補公私立退休金差異

  ⑴目前全國私校教職員，退休時均領取私校退撫會的一次退休金；明（99）年 1 月起私校退休制度預計將改爲參照公立學校的退休制度辦理，每月以個人本俸兩倍的 12%，由個人（35%）、學校（32.5%）、政府（32.5%）比例提撥退休基金，退休後領月退或一次退。

  ⑵爲增進本校教職員工福利，補私校同仁退休撫卹時的保障缺口並兼具保險、儲蓄、領回時免稅等多項功能，保障員工退休後之生活，特訂定「臺北醫學大學增加教職員工退休福利基金實施辦法」，並於 96.01.01 起實施，由員工福利委員會負責監督，本校爲私立院校少數實施學校之一，參與率爲 65.2%。

2. 建置健康安全綠色環境：零災害、零風險、安全衛生

本校重視員工健康，除訂有就醫優待辦法由三附屬醫院妥善員工健康外，另有安全與衛生相關措施如下，提供員工優質完善環境。

  ⑴新進員工健康檢查。

  ⑵辦理員工體檢，實施健康管理，善用附屬醫院資源，妥善照護員工健康需求。

  ⑶實驗場所工作人員依勞工安全衛生法規定，符合 ISO 14001 環境

管理系統之作業程序辦程序辦理，並通過 ISO 140001 及 OSHAS 18000 認證。

⑷每年定期舉辦環安知識及安全演練。

⑸建置 WHO 安全校園及綠色大學示範學校。

3. 激勵制度：挹注教師獎勵，激發教研潛能

教師敘薪依據相關規章，以較能吸引優秀師資的執行而辦理；除薪資外，另視教師教學、研究、服務績效訂定教師獎勵辦法：內容包括教學獎、研究計畫及論文獎、行政服務獎及師鐸獎等，獎項多元，包括創意教學獎、教材革新獎、教師評鑑優良獎、輔導國考優良獎、輔導 TA 優良獎、研究論文獎、研究計畫獎、產學合作獎、行政服務獎、師鐸獎等，其挹注金額逐年成長。

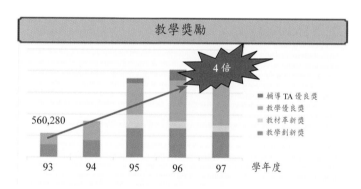

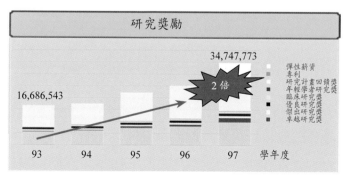

圖 4-34　教師獎勵挹注逐年成長

除薪資外，北醫訂有彈性薪資實施要點及新聘教師專題研究計畫補助，以遴聘及獎勵具有國際聲望或特殊學術成就者提升學術競爭力。

4. **和諧職場**：多元溝通管道、資訊共享。

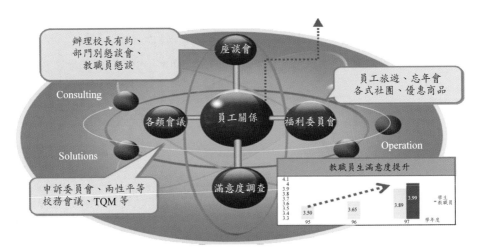

圖 4-35　多元溝通管道

5. **服務至上，品質滿意**

　　⑴配合部門績效考評要點，部門主管提報年度之工作成果及次年度工作計畫，自訂考核 3～5 自評量化指標，由一級單位進行互評，並藉由辦理行政服務滿意度調查，作為各單位自我檢視、系統流程再造和行動改善的參考依據。

　　⑵調查分析結果滿意度逐年提升，顯示北醫執行策略及執行作業能滿足且回應教職員生的需求，期許未來不僅要符合，更能進一步超越員工的期待，並藉由滿意度及各類溝通管道協助提升組織、單位及個人之發展。

三、結語

　　北醫人力資源管理是依循學校教育理念，配合學校「國際一流醫學大學發展願景」及「培育一流優質人才」目標，全力落實人事政策，以「顧客導向、專業服務，積極創新，高倍效能」的執行策略，來達成人力資源目標，妥適發揮這些無價的人力資產，來完成學校的教育目標，同時也能促進教職同仁每人的生涯發展，開拓多贏的新局面，達成人力資源管理服務創造的最高價值。

第六節　資訊策略、應用與管理

　　全面品質管理的成功關鍵之一就是資訊的掌握程度。從策略規劃到日復一日的流程改善活動，有效的蒐集與分析相關的資訊，可使管理上的決策相較於直覺，有更具體的數據與實證。換句話說，優質的決策來自優質的資訊，優質的資訊則必須奠基於明確可行的資訊資訊策略，然後才能展開成為廣泛的網路應用與資訊應用，達到明確有效的管理。

一、面向介紹

　　此節主要分為三個子面向呈現組織的資訊管理特色，分別為：資訊策略規劃、網路運用與資訊應用。此分項在國家品質獎的審查當中雖然占總分不高，但就單一子面向分數而言，則略高於子面向分數的平均值，且三個子面向評分比例相當，故在申請時宜注意各個子面向內容的平衡。

　　良好的資訊策略規劃可以成為組織的競爭優勢之一，此項目主要是在檢視組織是否充分掌握決策相關的必要資訊、是否能以即時有效的工具來取得、分析、及應用這些資訊。妥善的運用資訊工具可以有效改善組織競爭力，利用快速有效的資訊工具，可以蒐集和取得各種內外部的重要資訊（包括組織內各部門、顧客、競爭者及周遭環境等），進一步分析，作為

實際規劃、控制及決策時的依據，藉以有效改善組織績效與提升競爭力。資訊策略規劃面向應呈現組織對於資訊蒐集、分析、應用方面的整體策略規劃，以及是否能夠有效運用資訊科技來提升組織的競爭力，基本內容應包含：資訊策略的形成、資訊取得的完整性與方式、資訊的品質、資訊系統的維持更新與檢討改善等。

網路應用面向主要呈現組織在資訊網路方面的應用及評估，應包含網路的應用層面與廣度、網路的基本架構與功能，以及是否利用網路提升組織的競爭力。

資訊應用面向主要呈現組織因應需求的變化，形成各種資訊在組織不同部門內的應用程度。內容應包含組織分析各種資訊的過程，使組織的資訊能夠在精準、完整、可靠、適時、安全與保密的條件下傳達至資訊使用者，提升組織之效率與效能。

二、臺北醫學大學的資訊發展與管理

臺北醫學大學的特色在於醫學專業領域，於 1994 年成立「醫學資訊暨電子計算機中心」，北醫的資訊發展策略除了推展基礎校園網路應用服務，並擴及更深一層的生物醫學資訊應用，在規劃藍圖中的實現之一是在 1998 年成立亞洲第一所跨領域的醫學資訊研究所，就是以生物醫學資訊研究發展作為提升醫療照顧服務品質的具體步驟，成立的第一年就提出「虛擬醫學院」的概念，檢視其內容，在十年後的今天已逐漸落實，醫學資訊研究所歷年來培育出的精英，在國內醫學資訊領域皆為翹楚。

隨著資訊發展至 2000 年時已成為企業體的基本建設，並轉變為強調以人為中心，電算中心此時更組為「資訊服務中心」，明確揭示資訊服務化的階段性資訊策略規劃。此階段在各項校務上積極進行 e 化改造，強調提供使用者良好的資訊化環境，以提升整體行政效率及服務功能。隨著校

本部及附屬醫院發展蒸蒸日上，醫學資訊的組織、管理、傳播和應用都更為深入及廣泛，為了能進一步整合學校及附屬醫院之資訊資源，此時的策略是再度利用組織變革調整資訊發展層級，北醫於 2006 年將資訊服務中心升格為「資訊處」，由副校長銜董事長及校長之命，帶領一校三院資訊單位、圖書館以及醫學資訊研究所，結合各學術、行政、醫療單位所需，以提供教學、行政、臨床研究更優質的網路應用與資訊應用。

　　總結以上所述，北醫在「便捷」、「安全」、「整合」三個主軸裡訂定了資訊發展核心理念為：以使用者為中心，建立連結服務、整合資源、正確即時的資訊校園」，以下分別論述三項主軸的發展方向範例：

　　㈠**便捷**（Accessibility）：完整建置機構內的實體及無線網路、機構互連及對外頻寬，並提供行政、教學、研究所需之公務及公用電腦。目標為提供使用者可以隨時隨地上網的網路環境。

　　㈡**安全**（Security）：建置防火牆、防毒系統，將所有資訊系統登入加密處理，減少使用者帳號密碼被竊取、電腦中毒或被入侵之事件發生。目標為提供使用者可安心使用的資訊環境。

　　㈢**整合**（Integration）：整合各業務流程及需求，建置各項行政、教學、研究所需之系統，例如：校務資訊系統、數位學習平臺、線上切片資料網、電子圖書資源、資訊融入教學環境建置等。結合前述便捷、安全之環境，目標為讓使用者可隨地、隨時存取所需之任何資訊。

本校的資訊發展策略同時重視其品質與標準化。藉由通過 ISO 9001 驗證，將學校中的教務、學務、總務、會計、人事、研發等日常作業流程進行標準化，有標準化的作業流程，是確保資訊發展品質的重要基本步驟之一。進一步則是重視與保障資訊安全品質，以確保具有授權的人員在必要時可取得所需之正確資訊。資訊安全建設的完備需要投入人力、物力以

及時間。本校自 2007 年起開始導入 ISO 27001 資訊安全的標準化流程，經由建立資訊安全管理系統（ISMS），確保資訊之機密性、完整性及可用性，經過全面性的專案執行，本校已於 2009 年 9 月通過 ISO 27001 第三方驗證。

北醫的資訊核心理念中的「以使用者為中心」，首先是要確認使用者（服務對象），以學校為例，可分為內部使用者（校內教職員工生）、組織內使用者（三院職工）及外部使用者（社會大眾）。在這些使用者群中，可根據不同使用者特性以及使用層面建置不同程度的資訊應用與網路應用（如圖 4-36 所示）。

在網路應用上，針對不同使用者提供各項訊息傳遞及功能運作支援等基礎資訊服務，如 e-mail 系統、無線網路、區域網路等，就比較著重於校內或是體系內的使用者。而網站系統、電子報、視訊會議等則可擴及到外部使用者。

在資訊應用上，學校的特色在於需提供涵教學、研究、行政管理等不同的服務，相對應必須建置各種不同性質的資訊系統，作為學校運作的資訊基礎。舉例來說，本校內部使用者常會用到的行政管理系統，包括人事系統、會計系統、總務系統等，其資料必須可以隨時查閱與對照，所輸出的統計報表已成為本校校務管理上的重要工具。外部使用者則常會使用到招生報名系統。

學校的主業務是教學與研究。本校教學上的資訊系統以數位學習平臺以及數位化教學設備為主要的資訊應用建設；研究上的資訊系統則以電子資源查詢為重要的資訊應用建設。

圖4-36　資訊應用與網路應用的層面及廣度

　　以下將分別介紹本校在資訊發展上所涵蓋的各個面向。

㈠**網路基礎建設**

　　在匯流網路方面，光纖網路、無線通訊、虛擬運算、以及數位儲存等技術正快速融入一般人的生活中，因此需要建構一個高速優質網路環境，彙整運用相關資源，並連通不同的網路系統，以達到無縫連網的目的。在人機互動方面，為了讓師生能確實享受到資通應用帶來的便利，資訊系統的建置必須具有人性化的介面。在安全信賴方面，維護資訊通訊安全、以及資訊倫理（隱私、著作權、垃圾郵件等），使師生能夠在安全的環境下安心的使用各項網路資訊應用服務。

　　校園網路是教學、研究與行政服務的基礎，但是網路建設技術變化快，投資高，如何以快速有效率且經濟的方式建置網路是資訊發展的一大挑戰。以臺北醫學大學為例，在網路架構方面（圖 4-37），校園內部是以超高速（Gigabit）光纖網路為骨幹，串接校園內各學院、各大樓建築物及學生宿舍。除此之外，為了能提供更穩定、更高品質的網路環境，負責臨床教學及服務任務的三個附屬醫院（雙和、萬芳、附醫）與學校間，是採自行架設或另外向固網業者承租實體高速光纖網路互相連接。對外網路方面，以光纖專線連接臺灣學術網路（TANet）北區網中心，為主要 Internet 路由；另與國內知名 ISP 承租 FTTB 線路購買上網頻寬，用於國內外電子期刊搜尋以解決 TANet 出國頻寬壅塞的問題。並於校園網路內架構多臺透通式網路代理伺服器，使用者不需改變使用設定，即可透過代理伺服器條件政策，享有優質、快速的校園網路環境。

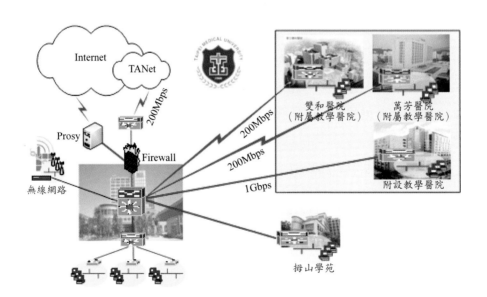

圖 4-37　臺北醫學大學校園網路架構

為確保網路應用基本架構之安全與穩定，應設有以下機制：

1. 定期汰換工作電腦，保持最新的防毒軟體

以臺北醫學大學為例，一般教職員之工作電腦由資訊處排定汰換週期更新，並統一安裝使用中央防毒系統，以進行校內各教職員電腦及伺服器之病毒防治工作，減少電腦中毒機率。

2. 使用者網路流量管控

藉此控管網路異常行為，以維護網路品質。以臺北醫學大學為例，校方於網路骨幹上建置「全校校園網路流量管控系統」，當使用者電腦於校園網路上發生異常網路行為，或超過當日預設的網路存取量時，網路交換器即將暫停該使用者的網路存取能力，且將其上網之網頁自動連到網路流量警示網頁，以提醒或告知使用者之網路存取行為暫時受到限制，直至該異常現象消除或預設網路存取量的重計時間點（如次日的零時）。

3. 建置「網路服務監測系統」

將網路骨幹上所提供的服務（如各伺服器、網路交換器等）皆納入監測系統內，伺服器或網路交換器上之服務如有發生任何異常時，該監測系統會以警報聲、電子郵件或簡訊通知此項服務的權責管理人員，以達到即時的監視以及增強故障排除效率，以減短網路服務中斷復原時間，維護資訊服務品質。

4. 善用用開放源碼軟體（open source software）

以臺北醫學大學為例，為了提升電子郵件伺服器的效能，電子郵件系統即是使用開放源碼軟體所建置而成，為一容量大又安全的電子郵件系統，系統元件包含：

  ⑴**內收與外寄電子郵件過濾器**：提供黑名單過濾、垃圾信件掃描、及病毒信件掃描等服務，減少垃圾郵件及病毒郵件，以降低使用者的電腦因電子郵件中毒之機率。此系統的另外一個好

處是如果過濾系統的效能不佳時，可以隨時於橫向擴充，讓整個系統充滿彈性。其處理架構（如圖 4-38 所示），於 POP3 之前的 Mfilt1 就是內收郵件過濾器，工作為在交付郵件給校內使用者時先進行垃圾郵件或是病毒郵件過濾。SMTP（Mfilt2）就是外寄郵件過濾器，其工作就是當校內使用者寄出郵件時第一時間先進行過濾動作，避免發出垃圾郵件或是病毒郵件。

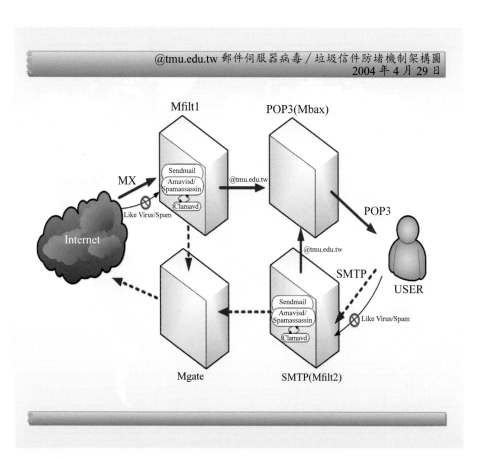

圖 4-38　臺北醫學大學電子郵件伺服器系統

⑵**使用者郵件信箱系統**：每個使用者的電子郵件信箱為 4GBytes，使用者數量超過兩萬個。

⑶**電子郵件匣道器**：提供一致的電子郵件收發設定，方便校內外使用。

⑷**電子郵件群組帳號伺服器**：提供給各單位或工作群組的使用者有一共同虛擬電子郵件帳號，以供處理相關公務郵件。

⑸**WebMail 讀信工具平臺**：提供給使用者可於任何可上網的地方，皆可透過網路瀏覽器即可讀取及處理電子郵件。

⑹**單一帳號登入**：各資訊系統的登入網頁皆使用數位憑證管理機制，使用者於登入網頁輸入帳號及密碼後，該帳號與密碼於傳輸到後端認證伺服器時會加密，避免密碼外洩。更進一步將引入新的認證技術——SAML（Security Assertion Markup Language），資訊系統開發人員將不會去接觸到使用者登入時所輸入的帳號及密碼，降低各系統開發的整合難度，並可以保護到使用者資料的安全單一帳號登入。

⑺**國際資訊安全管理系統導入**：資訊安全管理是資訊安全控制的重要工具，在強化網路資訊安全方面必須借助管理系統來實現，由最高管理階層訂定資安政策並導入國際資訊安全標準 ISO 27001：2005。運用其持續改進的管理循環模式，達到全面性的網路資訊安全。

㈡**應用資訊系統**

本校主要的校務資訊系統如教務、學務、研發、總務、人事、會計等幾個大系統，可涵蓋個人資料管理、金流物流、資源管理、意見聯繫、研究行政、教務行政、學務行政等各種不同面向。除此之外，本校的教學與研究系統也是本校的資訊發展特色。這些系統不但分別的管理範圍不同，

資料內涵也不同，系統效益也不同。概述如下：

1. 個人資料管理

校園內的個人資料可依照身分區分為教職員、學生、校友。

⑴**教職員**：含人事基本資料、組織編制、任用、保險、福利、訓練進修、獎懲、考績、差勤、任免遷調、退休撫卹、薪資管理、論文著作、專長等功能。資訊化作業除了達到無紙化，在組織人事管理時，也可以完整了解個人之狀況以及組織目前的統計資訊。個人應用上，也可以統整校方相關資料，以個人職涯檔案方式呈現，提供完整的個人紀錄閱覽。

⑵**學生**：學生基本資料應包含記錄學生學籍資料、個人健康紀錄、以及個人聯絡資訊，定時追蹤更新，將可達到校方即時掌握學生聯繫管道以及作為各項統計分析使用。另外統整校方所有相關資料可以學習歷程檔案（e-portfolio）的方式呈現，提供學生完整的學習與課外活動紀錄。

⑶**校友**：對於有歷史的學校而言，校友除了是學校的成就，其實也學校的重要資產，藉由建置校友資料庫網站，提供校友登錄最新聯絡資料，除了可以追蹤其就學就業狀況，提供母校訊息及各式服務，也可以作為日後學校成果分析以及募款的重要資訊。

2. 金流物流管理

⑴**會計業務**：包含預算編審系統、請款系統，並提供經費運用統計圖表清冊及查詢功能，以協助相關作業人員做有效的預算即時管控，減少紙本表單，明確掌控流程。

⑵**總務業務**：系統提供請採購、財產、出納等作業功能，單位主管皆經由線上簽核流程控管及追蹤作業進度。減少紙本作業，提高採購透明度，系統資訊容易分析，處理案件效率增加。

⑶**就學貸款管理**：學生就學貸款申請及審核，減少紙本作業及提升行政效率。

3. **資源管理**

⑴**場地借用**：提供使用者線上查詢與申請借用校內活動場地，管理者也可於網路上進行審核，節省人工作業及往返時間，方便借用及查詢場地資訊。

⑵**設備預約借用**：提供校內外使用者線上查詢與借用高貴儀器等設備，減少管理人力負擔。

⑶**學生宿舍申請**：提供學生住宿申請以及管理，簡化人工作業流程及時間。

⑷**設備報修**：包括一般修繕以及電腦資訊設備之修繕，皆採用線上填單申請，除可減少使用者往返申請的時間，也可以追蹤申請時間及修繕效率。

⑸**圖書借閱管理**：使用者可以於線上查詢、預約、續借書籍，方便使用者快速借閱到圖書館館藏書籍。

⑹**二手書交換平臺**：提供二手書拍賣及查詢拍賣資訊之書籍資訊交換平臺。

4. **資訊交換與聯繫**

⑴**公文簽核**：與教育部交換公文、製作公文、公文的線上查詢與簽核，有效追蹤公文流程並節省公文往返時間及紙張。

⑵**電子公布欄與行事曆**：提供全校各單位活動或是業務公告及查詢，提高業務拓展效率及獲得使用者點閱資訊作為分析之用。

⑶**線上意見箱**：使用者可於線上針對特定單位提送問題與建議，提高問題處理透明度及處理效率。

⑷**會議資料管理**：可線上繳交及查閱各項重要會議資料，除了方

便單位繳交資料，也可妥善將各單位的重要會議資料集中儲存管理及分享。

(5)**校外租屋網**：提供學校周邊租屋資訊，提供有需求的同學參考。

(6)**掛號郵件招領**：校內郵件招領及管理作業，即時查詢最新資訊。

5. 研究行政管理

(1)**研究計畫申請與審查**：於線上進行校內研究計畫申請及審核作業，簡化人工作業時繁瑣之文件管理，方便申請者追查相關文件。

(2)**研究計畫管理**：教師委託專題研究計畫之論文報告繳交、研究計畫校內變更及查詢，方便教師及行政人員掌握研究計畫作業及追蹤管考。

(3)**教師 RPI 研究指標登錄**：由教師登錄近五年內最佳研究論文資料，系統依據教師年資即時算出研究表現指數（RPI）值，為相關單位進行教師評鑑時所參考的重要評分指標。

(4)**SCI 期刊領域排名查詢**：可查詢科學技術類期刊之期刊排名及影響指數資料，作為研究成果影響力之參考。

(5)**臨床試驗 IRB 審查管理**：線上進行 IRB 申請與審查，妥善管理醫學研究倫理案件進度與統計。

6. **教務行政管理**

(1)**課程管理**：學校的重點之一──教學，於每學期開課作業及學生選課作業都是學校的重要活動，使用資訊系統管理，可大幅節省人工作業所帶來的不方便，以及時間空間的消耗。例如網路選課不受時間地點之限制，且較為公平。

(2)**成績管理**：提供線上管理與查詢成績功能，提升效率且不受時空限制。

　　⑶**招生管理**：線上提供各項招生之報名、繳費作業，節省考生往返時間，便捷服務。

7. **學務行政管理**

　　⑴**導師生管理及操行考評**：導師線上登錄及查詢學生成績與資料，方便導師掌握學生在校的學習成績、操行、獎懲、出勤等資訊，及時給予輔導。

　　⑵**工讀及服務學習申請**：提供線上申請以及查詢功能，節省使用者往返申請時間，方便資料統計。

　　⑶**社團幹部與班級幹部管理**：提供線上資料維護功能，方便追蹤學生表現及班級聯絡。

8. **學習科技應用**

　　⑴**數位學習平臺**：提供線上的師生互動平臺，讓老師學生可於平臺上進行課程討論與講義分享，利用網路隨時隨地學習。同時藉由建立學習社群，提升學生自主學習的動力，增強學習效果。本校的數位學習社群經過十年的經營，每月平均可達到 18 萬人次上網，以全校約六千名師生的規模，相當於每人每日至少上數位學習平臺一次。

　　⑵**教室科技融入教學**：於實體教室內建置如資訊講桌、延伸式螢幕、IRS 即時反饋系統，藉由這些資訊應用，改善傳統教室上課枯燥單調的缺點，保留教室上課師生高互動的優點。

　　⑶**全校課程地圖**：藉由分析校內各種課程的屬性，配合各學系學生的發展方向，提供有利於學生適性發展的課程規劃參考，加強對於學生個人化的修課輔導。

　　⑷**開放式課程**：藉由分享教學內容，公開高等教育資源，降低數位落差，實現社會責任。

(5)**專業模擬教室**：透過如 OSCE 臨床技能中心、模擬病房、示範藥局等專業模擬教室的建立與課程實施，提供學生早於職場的臨床執業經驗，增強教學成果。

(6)**數位切片系統**：數位化解剖及病理切片，並建立線上虛擬顯微鏡閱覽系統，讓學生們可以在網路上直接如操作實體顯微鏡般觀察切片，進行教學與研究的討論。

9. **研究發展應用**

(1)**電子資源查詢**：提供各種線上期刊文章、電子書、專利的查詢，增加研發能量。系統並可以輸出數據進行統計，以利後續購置之參考。

(2)**機構及學位論文典藏**：將學校內各種研究論文、研討會報告、研究所學位論文進行典藏，透過線上交叉查詢，不但可以保存研發成果，也可以作爲研究者互相引用的參考。

(3)**臨床試驗管理**：管理醫學臨床試驗，包括病人收集、標本採集、保管、分析與結果儲存。除了可以控管流程品質，並可以做數據統計，保存珍貴資料。

(4)**研究競爭力分析**：經由校內教師的論文著作分析，可以發現校內研究的發展趨勢，作爲建立研究群的基礎。

三、資訊化推動的實施經驗

資訊化的推動必須不斷評估與改進，才能與時並進，達成組織整體績效要求。可運用的工具如 PDCA，以資訊發展規劃爲例，分別說明如下：

㈠擬定計畫（P）

透過每三年制訂一次之校務中程發展計畫，訂定中長期的資訊發展規劃。後續再將之展開爲年度資訊工作計畫，排定執行詳細可實行的順序

及時程。此外，由於資訊科技變動幅度大，為加強資訊服務的即時性與彈性，在各年度內仍舊接受各單位提出任務型的資訊計畫，經評估後規劃資源配合，並且擬定執行方案。

㈡執行計畫（D）

依計畫執行預算及人力需求進行任務分配與實行，在開發建置或維運各項學習、行政服務及研究發展系統時，有標準化的作業準則，避免過多不確定因素，而造成資訊專案的延遲或是失敗。在執行的過程中，必須注意是否符合其他規範（如：ISO 9001、ISO 27001 等），避免出現不一致的情形。

㈢績效評估（C）

經由各項會議，如資訊會議、主管會議、行政會議、校務會議等，即時對於資訊業務進度報告進行績效評估及改善建議。另外，則可於每年定期舉行行政單位績效互評、滿意度調查中，了解使用者對於資訊建設的直接反應。除此之外，各業務單位所提出之資訊系統開發或是維護申請，在處理流程中皆分階段進行專案進度確認及追蹤管考，藉以了解資訊系統及服務是否符合使用者需求，並作為後續資訊專案進行時之參考。

㈣持續改善（A）

資訊技術時時更新，資訊化的需求永遠殷切，必須經由作業流程的改進，修訂業務法規，更新資訊系統及資訊設備，並藉由資訊教育訓練與資訊人員進修等措施，持續改善，以提供更有效的資訊服務。

以「資訊服務的滿意度」為例，可架構出如圖 4-39 所示之 PDCA 的模型。

PDCA 案例

圖 4-39　資訊服務滿意度之 PDCA 案例

　　在資訊發展計畫中已訂定資訊建設是以「服務」為導向（P），於是在資訊處會議中研擬資訊硬體汰換、軟體更新、發放等作業規範，具體提供使用者各項資訊資源的取得方法，並公告於網站上（D）。由每年所實施的資訊滿意度調查中，了解使用者的需求以及滿意程度上的差距（C），進行後續流程上的改善與法規修訂，以期提供更好的資訊服務（A）。經由這樣的過程，在近三年的調查中，我們發現使用者的滿意度有持續增加的情形，接著可進一步再加以了解增加的原因，回饋作為之後發展的參考。

　　總結來說，因應資訊社會的發展趨勢，每個機構的發展必須仰賴優質的網路基礎建設做為後盾。而優質網路基礎建設的核心概念，就是透過匯流的高速網路、操作簡單好用的人機介面、以及安全信賴的資訊環境。以

學校為例，學校在教學、研究、服務面向要保證其品質，必須讓所有的師生可以隨時隨地取得相關資訊及進行各項學習、研究、服務的活動。

　　資訊應用則應著重於利用成熟之應用開發工具及網際網路效益，推動各項行政業務自動化、減少作業時間及節省人事費用，進一步並且可以提供及時且正確之資料，以增進服務品質及促進行政效率之提升。資訊應用必須持續導入新的管理技術與概念來整合開發系統，利用儲存的資訊做深入的分析，作為實際規劃、控制及決策時的主要依據，有效改善組織績效與提升競爭力。

第七節　流程（過程）管理

　　「過程（流程）管理」主要重點在於檢視組織流程管理，包括以顧客需求為主之產品設計與開發、產品與服務的提供流程、相關的支援性活動，以及與供應商及合作機構之間的關係。組織須透過流程管理以實現各項策略，來確保及增進組織所提供給顧客之產品與服務的品質及可靠度。流程管理的基本要求是具有「效率」及「效能」的過程管理，包括：效率性的設計與預防功能，與供應商（者）及合作機構的連結、作業或服務過程的前置時間、績效評估及持續性改進，以及組織的學習等。因此，當前最重要的課題為如何有效的利用 PDCA 管理手法，整合流程與團隊運作來推動流程管理，進而達到整體流程管理的最終目標──追求品質、速度及高度的顧客滿意。

　　在過程（流程）管理構面上，評審的重點有三項：

一、產品流程（過程）管理

　　組織創造產品或服務核心價值之流程與流程管理，主要是評估組織基於改進市場規模與營運績效之目標，對主要產品、服務的設計及其輸送過

程之管理。

二、支援性活動管理

組織爲支援其創造核心價值之相關活動，以互補性、支援性活動創造加值及差異化的過程。

三、跨組織關係管理

著重於組織內部各功能部門的整合及外部主要供應商（者）及其合作廠商（機構）建構互利的價值鏈關係。本項目評審重點在於組織如何整合內部的功能部門及外部的供應網路，提升整體供應網路上成員在品質、成本、快速反應、交期、創新、彈性及服務的整合績效。

臺北醫學大學極爲重視教學、研究與服務品質，深信有效率且有效能的流程管理，是確保品質的重要因素。特成立教育品質委員會（Total Quality Academia；TQA），下設教學、研究、學生事務、行政與服務、環保與社會責任等五小組，藉由制定良好的策略與行動方案，達到品質保證及績效責任，進而培育大學生具有普世價值的人格。以下就分別針對本校流程管理部分做進一步的說明。

流程管理區分爲：產品流程（過程）管理、支援性活動管理及跨組織關係管理。

㈠**產品流程（過程）管理包含**：教學、研究及學務。

㈡**支援性活動管理包含**：人力資源管理、績效管理、資訊管理、財產管理、環境管理及財務管理等。

㈢**跨組織關係管理包含**：內部組織功能整合（教學、研究與行政單位以及與三附屬醫院之整合）、外部合作的產品或服務（國際姊妹校、國際醫療服務、國內各結盟醫院及建教合作機構、國高中學校關係建立與校園服務及外部供應商），以及針對供應商設立之評核制度。

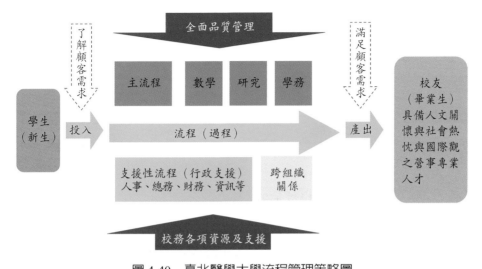

圖 4-40 臺北醫學大學流程管理策略圖

㈠產品流程（過程）管理

臺北醫學大學一直持續朝著整體發展策略的方向推動，在硬體設施、教學、研究及學務等各個構面均有大幅的突破。在教學方面，因應社會發展，充實教學內涵，改進教學方法，培育獨立判斷思考與國際觀之專業人員；在研究方面，不斷研究創新，領導社會進步與發展；在學務方面，提供學生完善服務，讓學生擁有便利且安全的大學生涯。期望將來可以跨步邁向具國際水準之優質醫學大學。

教學流程管理依據持續改善循環 PDCA（Plan→ Do→ Check→ Act）之原則實施，即分別為教學規劃發展（P）、教學實施與輔導（D）、學習及評量（C）及教學改進工作（A）等（圖 4-41）。

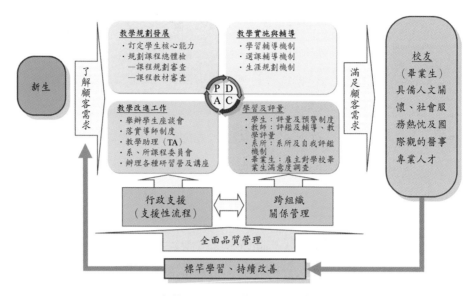

圖 4-41　臺北醫學大學教學 PDCA 流程管理圖

1. 產品開發過程設計（教學規劃發展 P）

為了提升教學品質，全面執行課程體檢計畫，包含系所課程學分外審機制流程與教材審查，在課程委員會的評核機制下，藉由系所課程地圖建置與選課地圖的指引，釐清學生核心能力指標與未來生涯發展發展方向，進而對課程進行審議、整併與創意開拓，以深化課程特色。

課程體檢執行流程如下：

⑴ **建立課程現況資料庫**：師資、學生、系所行政調查，進行資料建檔以及量化與質性的分析，作為定期評估追蹤實施成效與改進之標準。

⑵ **建立檢測細目**：如課程整體結構、分配與規劃之適當性、完整性等。

⑶ **召開學門專家座談與諮詢會議**：以建立檢測細項之周延性，如標準化、優質化與創新化。

⑷**執行課程體檢**：開學前成立各級課程體檢小組，就檢測細目逐一審核，審核修正通過者，下一學期方得以開設課程。

2. 產品的作業與傳遞過程（教學實施與輔導 D）

為提升學生學習意願及主動學習習慣，設立學習輔導、選課輔導及生涯規劃等機制，讓學生在課業學習及選課流程中均可獲得良好的協助。

⑴**學習輔導機制**：提供課外學習護照、體適能健康促進等機制。

⑵**選課輔導機制**：透過學生選課手冊、通識選課地圖、各系所課程地圖的建立，提供更清楚的學習路徑，協助學生了解課程內容、進度、教材及評量方式，亦同時提升選課之自主性與便利性，有助於學生進行規劃與檢視所修課程，再利用線上選課系統進行選課。

⑶**生涯規劃機制**：藉由生涯規劃，配合學生身心壓力檢測及輔導及各系所職涯輔導。協助學生認識自我、進行職涯規劃、安排參訪及見習活動、輔導就業前之準備，成為系列性之生涯規劃。

3. 品質管制過程（學習及評量 C）

為了確保學習及教學品質，本校透過學生學習評量、學生對於教學滿意度調查、教師教學評量機制、畢業生追蹤機制等，提升學習成效。

⑴**學生**：透過學生學習評量及預警制度檢核學生學習成效。本校建置有學習預警系統及期中考成績全面上網登錄之機制，盡早發現學習成效不佳之學生，安排教學助理進行教學輔導。

⑵**教師**：落實教師評鑑制度、教學評量機制及教學品質改善系統（圖 4-42），確保教師的教學、研究及服務品質。此外，每年定期舉辦優良教師遴選，並針對後 10% 教師進行輔導，且持續追蹤後續改善情形。

⑶**系所**：透過系所評鑑及自我評鑑機制，找出待強化部分，並持續進行自我改善，確保教師教學品質。

⑷**畢業生**：本校建置有雇主對學校畢業生滿意度調查之資料庫，透過滿意度調查回饋至校內課程之機制。

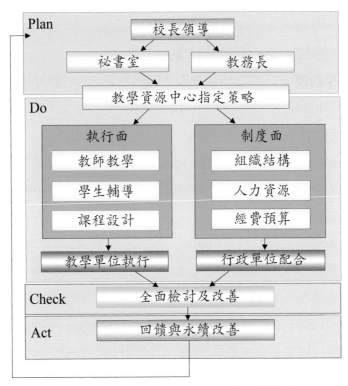

圖 4-42　臺北醫學大學教學品質改善策略

　　藉由分析結果，了解業界對本校學生的評估，針對不足之面向，強化課程，期使學生透過更完整的訓練，符合未來職場之需求與競爭。各面向流程均有權責單位定期實施與督導，學校並設有教師發展中心與教學資源中心，輔助教師提升教學品質與成效。

4. 作業與傳遞過程的檢討改進（教學改進工作 A）

　　針對學習及教學評量結果，本校採用各種機制，以改善學習及教學成效之方針。

⑴**定期舉辦學生座談會**：由學校主管透過與學生的對談，聽取學生建議，了解學生在學習過程中所遇到的困難，並從中探討改善的方案。

⑵**落實全校導師制度**：為落實師生互動與關懷學生生活與課業，特實施導師制度，以協助學生解決問題。

⑶**教學助理**（TA）：為推動期中預警制度及補強教學措施，特設立教學助理制度，協助學生補強學習，針對學生不同的需求給予適當的協助，補強教學成效。

⑷**系務、所務、課程委員會**：針對學生學習、教師教學及產官學界代表之建議，辦理課程定期檢討機制，定期開會改善課程的規劃及設計。

⑸**定期辦理各種研習營及講座**：定期舉辦教師發展研習營、教師知能講座及教師座談會等，共同檢討待加強部分及改善方向。

5. 標竿學習

本校為朝國際一流大學之路邁進，也持續針對國內及國際頂尖大學的發展趨勢進行標竿學習（Benchmarking），建構永續的學習型組織。

⑴**校內教師相互標竿學習**：定期舉辦教師創意教學獎遴選，並分享教師創新教學經驗、教學知能與授課技巧，以全面提升全校教師教學品質。

⑵**標竿國內大學**：了解臺灣各大學目前面臨的挑戰、教育部高教施政重點，以及學習國內頂尖大學之發展趨勢。

⑶**標竿國際一流大學**：了解國際一流大學之發展趨勢後，訂定出本校之發展目標。

期望藉由持續不斷的標竿學習與其他品管工具結合互補，達到本校流程再造、持續改善與創造優勢，以追求卓越。

㈡支援性活動管理

　　為了讓教學、研究及學務等流程可以更為完善與健全，本校行政單位充分扮演了支援後勤的角色，包含：人力資源之開發、績效管理、資訊管理、財產管理、環境管理及財務管理等；除力求整體順暢運作外，並持續改善且進行資源整合，建立一套系統化、電腦化、客觀化的整合程序，期能藉此強化學校整體的品質，以提升競爭力。

1. 關鍵支援性營運過程的設計

　　本校設立各項支援工作系統，以強化關鍵性流程管理的效率與效能，詳述如表 4-5。

表 4-5　支援性流程主要工作系統與方針

各項工作系統	工作方針
人力資源之開發與績效管理系統	有完備的人力資源運作規劃及管理體系，如人員的聘用、升遷及輪調制度、教育訓練、福利及退撫、績效制度、獎懲考核等；定期做員工滿意度調查，並提出檢討改善。
資訊管理系統	所有教室均設有資訊講桌、單槍設備及同步播放電視（百人教室）設備等；並建構數位多元學習環境（e-learning、e 化教學、My2TMU、IRS 即時反饋創新教學系統、e-portfolio 學生學習歷程資料庫）等，以提升教學服務品質。此外，在校園各處設有資訊補給站，隨時隨地可上網搜尋所需資訊；另亦有 e 化（U 化）知識管理平臺，藉由知識分享，提供師生一個便捷的學習平臺。
財產管理系統	財產之驗收、移轉、減損均於線上作業，且每學年實施計畫性財產盤點，可提高行政效率，並確實掌握學校財產。
環境管理系統	為落實環境管理，本校透過多項措施，期望能逐步邁向安全大學及綠色大學的目標。其中包含：⑴環境景觀規劃及維護：營造人性化、舒適且美麗的校園；⑵校園環境安全：注重公共空間安全、確實執行巡查制度且每日安排輪值巡檢、設有修繕申請系統，可即時發現環境中不安全空間而立即改善；⑶綠色大學：為響應環保政策，本校實施垃圾分類、資源回收、節能減碳、簽署塔樂禮宣言，增加對環境永續發展的覺醒，並教育學生成為對環境負責的公民，創造一個追求永續性的校園文化。

（續）

各項工作系統	工作方針
財務管理系統	會計及總務系統全面電腦化，包含：預算編審、請款、請購、出納、就學減免等系統。會計帳務支用辦法及程序均依會計制度實施辦法，及教育部規定經費收支及查核要點辦理；採購作業均符合政府採購法，並依學校採購作業辦法及作業程序辦理，依金額分級，設定核決權限，提升行政效率。

2. 關鍵支援性營運過程的改善

　　為使行政單位整體運作順暢，持續進行作業流程改善且相互整合，以提升學校整體辦學品質及經營績效，各項關鍵支援性流程改善如表4-6。

表4-6　各項關鍵支援性流程改善表

各項工作	改善流程
推行 ISO 作業系統	為進一步提升行政績效，本校陸續通過 ISO 9001：2008 版、ISO 14001：2004 版、OHSAS 18001、ISO 14064。透過 ISO 系統驗證，明確規範本校所有作業程序及流程，並藉由內部稽核及外部審查等機制，達到追求品質之目標及政策。
稽核作業	本校稽核作業分三層級，分別為：經費稽核委員會、管發中心稽核小組及董事會稽核小組，透過持續不斷的稽核作業，積極改善行政作業流程。
舉辦師生行政服務座談會	舉辦教師座談會及學生座談會，藉由與師生溝通的過程中，可持續改善行政服務流程，提高顧客滿意度。
舉辦行政檢討座談會	每年透過各單位報告回顧與展望的過程中，各單位可在每年年終做回顧及檢討，並針對前一年成果及待改善項目，提出明年度的新展望，以改善及簡化各項流程為目的。

㈢跨組織關係管理

　　跨組織關係管理主要分為學校內部組織功能的整合，及與外部供應商及合作廠商之互利關係兩大方面，藉由內部及外部的整合，以達到教學、研究與服務之目標。內部整合包含學校內部教學、研究與行政單位之整合，以及附屬醫院整合兩部分。所有內部會議資訊及法規均有資訊平臺提

供上傳及下載，可隨時更新資訊，並推動無紙化政策，響應環保節能。

1. **教學、研究與行政單位之整合**：除學校有各項工作職掌、標準作業流程及規範外，主要藉由不定期系所、院務、處務、各類工作會議，以及定期召開的主管會報、校行政與校務等會議，進行業務協商與溝通。

2. **一校三院之整合**：北醫有三家附屬醫院，包含北醫附醫、萬芳醫院及雙和醫院，為整合一校三院，本校特設立管理發展中心，下設各功能性小組，透過各小組不定期會議的召開，整合並協調各院流程，節省各項成本，除此每月固定邀集學校及三院首長召開管發會報，討論重大決策並凝聚共識。

3. **一校三院資訊融合**：設置聯合資訊辦公室，一校三院的醫療資訊利用雲端技術架構起資訊整合網絡，不但將原先處理醫院資訊人力做到精量化，並將三院的資訊系統利用雲端技術架構起 His 整合網絡，可做到儲存整合、資訊異地備援、備份加速和災難復原等建置，也可以提供更快、更廣、更強力的安全管理。

4. **外部合作的產品或服務**：為了使教學、研究、服務及行政事務能順利運作，除了內部支援性活動與整合外，尚有許多外部的供應商與合作機構協助，各項與外部機構與廠商合作內容與流程如表4-7。

表 4-7　與外部機構與廠商合作內容與流程表

外部機構	合作內容與流程
國際姊妹校	・本校目前已簽約之姊妹校共六十餘所，並積極持續拓展。 ・在教師方面：透過雙方互訪與合作，共同執行研究計畫，提供教師間學術之交流互動。 ・在學生方面：國際學術交流中心不定期與姊妹校合作，舉辦海外留學教育展、學術交流座談會，提供學生遊學、留學、交換學生、短期進修等資訊及協助。

（續）

外部機構	合作內容與流程
國際醫療服務	・本校及附屬醫院均在援外醫療上不遺餘力。 ・長期駐診醫療服務：學校目前承接國合會計畫，長期派駐醫護人員至史瓦濟蘭及聖多美等地提供醫療服務。 ・短期駐診醫療服務：本校附屬醫院亦不定期與國合會、路竹會等，至世界各偏遠地區進行短期醫療服務，如帛琉、馬紹爾、非洲肯亞、沙烏地阿拉伯、卡達等。此外，亦提供醫護人員短期代訓，協助友國提升醫療水準。
國內各結盟醫院及建教合作機構	・為了使學校在教學、研究及服務上更完善，特與國內多所學校、醫院及研究機構簽訂建教、結盟合約，透過相互合作的模式，使學校可提供的資源更加充實。 ・本校也致力於產學合作，成功的將專利及技術移轉至產業界，成果豐碩。
國、高中學校關係建立	為建立與國、高中學校之良好關係，提升國、高中生對北醫之認識及對醫學相關領域之興趣，每年均安排教師至各高中演講與宣傳，並於寒暑假舉辦多梯次的醫學營。
校園服務及外部供應商	校園內提供教職員工生在學習及各項生活上所需的服務，如餐飲、休憩及影印等。對外採購物品、設備與勞務上，均力求價廉便捷，讓全校之教職員工生感受到最好的服務。

5. **評估制度的設計**：為確保校園服務廠商之服務品質，嚴格要求服務廠商應遵守之準則，並簽訂各項合約，明確指出對於產品及服務之要求。另外，為控管採購設備商品之品質、售後服務、價格及交期等，針對請購廠商建立清冊，每一學年度針對校內使用單位進行服務廠商評核作業，並明定經評核不良之廠商，予以停權或限制其參與招標資格，待廠商提出正式報告及改善措施後，經評核確實有改善方予恢復資格。

6. **提升績效制度的設計**：與供應商進行跨機構的合作過程中，造就了一些績效的提升，如：透過聯合採購，降低各項採購成本；另外，為提升供應商之績效，建立各項標準作業流程，及合約執行期間需遵守所訂定之規範，透過各項指標檢視供應商的服務流程，並協助供應商進行改善，提供學校教職員工生更好之服務，

如：定期查訪校園內餐廳，並公布稽核結果，促使餐飲業者維護餐飲衛生環境之品質。在追求顧客滿意的過程中，提高供應商與本校彼此間的管理能力，力求品質之提升。

第八節　總結

一、國家品質獎評審委員總評

臺北醫學大學創立於 1960 年，原名爲臺北醫學院，教育使命以培育兼具人文關懷、社會服務熱忱與國際觀之醫事專業人才，發展至今已具一校三附屬醫院的規模，並已培育三萬餘名醫界菁英，畢業校友遍布海內外醫療機構、研究單位與政商名界。

㈠該校社會形象頗爲良好，13 個學系在私立醫學院校排名中位居一、二名。

㈡學校推動全方位推行全面品質管理，塑造以品質開始於頂層優質領導，透過組織文化及共同願景，將品質納入教學管理系統。

㈢以滾球理論基礎，有系統的實施多元品質管理的追蹤與改善，達到全員持續改善的作法。

㈣重視社會責任，關懷機車騎士腦部受傷害，協助推動騎機車戴安全帽之立法；爲維護民眾身心健康，參與推動無菸餐廳與室內全面禁菸措施，以及辦理緊急救護，貢獻卓著。

㈤品質策略與執行力頗高，自 97 學年至 98 學年度 2 年來，獲教育部評爲全國綠色大學示範大學，並由北市府頒發綠色採購與綠建築標章認證。

二、北醫大五十有成‧蓽路藍縷走過半世紀

本校創辦於 1960 年 6 月 1 日，當時從醫科、牙醫學系、藥學系 3 個

學系開始；迄今已有醫學院、口腔醫學院、藥學院、護理學院、公共衛生暨營養學院 5 個學院、13 個學系、13 個碩士班、8 個博士班及 3 家附屬醫院；從過去 250 名入學新生，到現在 3 萬餘名遍布海內外醫療機構、研究單位及政商各界的醫界菁英。

三、院校一家・三千餘床醫療體系

在歷屆校長的努力之下，近年來發展及建設的腳步更爲加快，從附設醫院第二醫療大樓落成至 1996 年接辦萬芳醫院，並於 2000 年獲教育部審核通過改名臺北醫學大學，其後醫學綜合大樓、第三醫療大樓陸續完工，以及 2008 年雙和醫院的開幕，學校規模也從一校發展到擁有附設醫院、萬芳醫院、雙和醫院等 3 家附屬醫院總床數達 3 千餘床，教職員人數 5 千多人，在學學生約 6 千人的龐大醫療校院體系，奠定了國際一流醫學大學的基礎。

四、北醫品質・卓越頂尖的保證

臺北醫學大學在發展過程中，無論是在教學、研究與服務三方面，均秉持「品質特色」與「社會責任」的傳統精神。多年來在「培育兼具人文關懷、社會服務熱忱及國際觀的醫事專業人才」的教育使命，以「成爲國際一流的醫學大學」爲願景，逐步完成各種國際標準化，如 ISO 9001、ISO 14001、OHSAS 18001、ISO 27001、ISO 14064-1 驗證，WHO 國際安全校園認證及 AA 1000 企業社會責任（CSR）查證。三附屬醫院亦全部成功通過國際最高品質的 JCI 國際醫院評鑑。2010 年北醫將堂堂邁入 50 週年，經過半世紀的努力，本校以成爲頂尖大學爲目標，在追求卓越品質的腳步上，不斷拓展，期望未來在全體北醫人同心協力下，全力朝向國際一流醫學大學的願景而大步邁進。

表 4-8　臺北醫學大學三年來品質績效

年度	榮譽事蹟	證書
2010	榮獲第20屆國家品質獎	
2010	榮獲2010年世界綠能大學排行 (GreenMetric World University Ranking)全球第47名殊榮	
2010	榮獲教育部以通識教育為核心之全校課程革新計畫-通識教育領航學校	
2010	一校三院均通過CSR社會責任查證	
2009	通過WHO國際安全學校認證	
2009	榮獲教育部綠色示範大學	
2009	三附屬醫院均通過JCI國際醫療認證	
2009	通過一系列ISO國際標準化驗證 ISO 9001、ISO 14001、OHSAS 18001、 ISO 27001、ISO 14064	
2009	榮獲經濟部98年度績優育成中心獎「最佳特色獎」	
2009	榮獲國科會「績優技術移轉中心」	
2008	榮獲教育部96年產學合作績效評量「爭取企業機構產學經費與效率」私立大學校院組第一名	
2008	榮獲經濟部97年度績優育成中心獎「最佳特色獎」	

臺北醫學大學 50 周年校慶最大賀禮──臺北醫學大學榮獲全國最高品質獎項「第二十屆行政院國家品質獎」。這是繼邱文達校長（第十一屆）及附屬醫院萬芳醫院（第十三屆）之後，北醫團隊第三度獲得國家最高品質獎的肯定！

本校今年榮獲「第二十屆行政院國家品質獎」，頒獎典禮於民國 99 年 4 月 12 日在中油大樓國光會議廳舉行，由行政院長吳敦義親自頒獎。當天由李祖德董事長及邱文達校長率領一校三院，共計 150 位主管同仁參加頒獎典禮，整齊畫一的制服、標語、旗幟及口號，成為會場最受矚目的焦點團體。繼頒獎典禮後，馬英九總統於同年 6 月 8 日親自接見國品獎得獎企業暨得獎人，本校由邱文達校長代表晉見，總統不僅大力肯定本校醫療專業人才培育，同時也對於教育及醫療的品質表達高度認同。

圖 5-1　左為行政院長吳敦義（中）親自頒獎，由本校董事長李祖德（左）及校長邱文達（右）代表接受。

圖 5-2　北醫團隊 150 人參加頒獎典禮，是會場最受矚目的焦點團體

圖 5-3　各大媒體報紙報導本校榮獲國家品質獎之新聞，本校校友會暨各大
　　　　分會亦登報祝賀

圖5-4　馬總統接見邱文達校長
　　　（右），再度肯定本校對醫療
　　　專業人才培育的貢獻

　　本校自醫療卓越邁向全面卓越，為醫療教育樹立典範，榮獲國家品質獎的同時，也為國內品質觀念宣導及提倡盡一份心力，故與財團法人中衛發展中心，於民國99年6月24日共同舉辦「第二十屆國家品質獎得獎企業發表暨觀摩活動」，開放有意角逐下一屆國家品質獎者，及有意願觀摩學習的各機關團體代表，至本校進行一天參訪，當日約60位各大學院校、醫療機構及企業代表前往觀摩。活動當天，本校以國家品質獎八大構面中之全面品質管理推行經過、研發與創新及資訊策略、應用與管理簡報為例，並以實地評審時的參訪單位，如圖書館、牙齒銀行、臨床技能中心等，以及CSR三大社會運動：安全帽立法、空中緊急救難及無菸餐廳推廣，提供與會者觀摩本校國家品質獎推動經過。本校各項具醫療奉獻及教學特色單位，皆提供與會者實地走訪、觀摩。活動當中，各機關團體對於北醫各項教學、研究、服務、行政、創新及社會貢獻等面向成果十分讚賞推崇，在綜合座談時有熱烈討論互動，活動最後以全體與會人員合影作為結束。

圖 5-5　國品獎參訪團參訪圖書館

圖 5-6　國品獎參訪團聽取本校 CSR
運動──無菸餐廳計畫之說明

圖 5-7　國品獎參訪團參訪本校校史館

圖 5-8　與國品獎參訪團大合照

　　北醫創校至今滿 50 年，一路秉持了誠樸的精神，致力於培育兼具人文關懷、社會服務熱忱及國際觀的醫事專業人才為教育使命，全體同仁多年來對品質的堅持、對教育的熱衷、對社會的責任，竭盡的展現在此次的國家品質獎中，故能獲得評審委員給予本校高度的肯定，這是全體教職員工的齊心努力及堅持的成果。

　　獲獎是提醒自我要更加努力，透過準備階段的自我評估，評審過程中委員們的提問與建議，本校會繼續秉持國家品質獎全員參與持續改善的精神，全力的實踐及奉行。而此精神除落實於臺北醫學大學校園中，更期能拓展至三附屬醫院：臺北醫學大學附設醫院、市立萬芳醫院及署立雙和醫

院。

　　半世紀以來，北醫大代代傳承，匯集了創校前輩先賢的智慧與心血，也凝聚了無數北醫人的誠樸與刻苦精神，不斷地開創、艱辛的奠基、努力邁向卓越，始有今日，屆滿 50 年的北醫，正站在歷史的分水嶺上，我們堅信在未來無窮的世代裡，仍會不斷求變求新，以前瞻的遠見、宏觀的規劃、開闊的格局、國際的視野，躋身國際一流醫學大學之林。

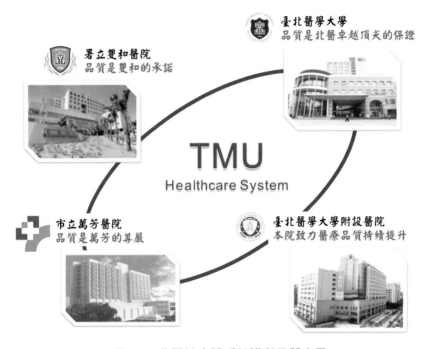

圖 5-9　北醫健康體系架構與品質宣言

參考文獻

一、中文部分

1. 大前研一。創新者的思考：看見生意與創意的源頭。2006，商周出版。

2. 中華民國國家標準 CNS 14001，「環境管理系統──附使用指引之要求事項」。2005，經濟部標準檢驗局，臺北。

3. 中華民國國家標準 CNS 14004，「環境管理系統──原則、系統及支援技術之一般指導綱要」。2005，經濟部標準檢驗局，臺北。

4. 毛綺如、何達賢、陳建宇、傅士龍、張聖德、樊秉鑫。藍海品質之路──應用團隊改善與自評邁向頂峰。2010，中衛發展中心。

5. 出版者：教育部，編者：教育部統計處，2009，國民教育階段學生人數預測分析報告，98～113 學年度。2010.03.07，取自：http://www.edu.tw/files/site_content/B0013/98basicstudent.pdf

6. 司徒達賢。策略管理新論──觀念架構與分析方法。2001，智勝文化事業有限公司。

7. 申永順。科學發展。2005 年 3 月 387 期環保驗證 ISO 14000 系列，26-31。

8. 企業永續發展協會。http://www.bcsd.org.tw/index.ht

9. 江愛華。澳洲高等教育品質保證制度：背景、政策與架構。2007，財團法人高等教育評鑑中心基金會。

10. 行政院主計處，就業、失業統計，95～97 年臺灣地區教育程度別失業率統計。2010.03.07，取自：http://www.dgbas.gov.tw/lp.asp?ctNode=2294&CtUnit=1077&BaseDSD=7

11. 行政院國家科學委員會。中華民國科學技術白皮書。2007。

12. 行政院經濟部。2009 產業技術白皮書。2009，53-66。

13. 行政院經濟部中小企業處。97 年度創新育成企業個案研析。2008，48-58。

14. 呂執中、張立穎。教育品質之典範──整合品質屋邁向國家品質獎。品質月刊，45 卷 3 期（2009），臺灣：19-24。

15. 李紹彰、陳至安。以 SEM 探討中華民國國家品質獎評審架構模式品質。品質學報，14 卷 3 期（2007），臺灣：219-234。

16. 李銘堂。國家品質獎與卓越經營。品質月刊，43 卷 11 期（2007），臺灣：12-17。

17. 彼得‧杜拉克著，王美音、楊子江譯。再創企業生機──彼得杜拉克談創新與創業。卓越叢書，1985：32。

18. 林公孚。美國國家品質獎的評分系統。品質月刊，38 卷 1 期（2002.01.01），臺灣：75-78。

19. 林公孚。美國國家品質獎持續改進其品質的做法。品質月刊，37 卷 9 期（2001.09.01），臺灣：33-34。

20. 林佳谷、陳叡瑜（2006）。安全、健康、舒適（S.H.E.）的工作環境。工業安全衛生月刊，206，10-21。

21. 林騰蛟。高等教育綜合化的發展及省思。2002，臺北：未發表。

22. 邱文達。醫療品質管理實務──提升醫療品質之旅‧醫院追求卓越之道。2008，臺北：合記出版社。

23. 邱文達主編。醫院品質實務管理──提升醫療品質之旅，醫院追求卓越之道。2003，臺北：合記出版社，37。

24. 邱文達等。醫院品質實務管理。2002，臺北：合記出版社。

25. 金偉燦、莫伯尼著，黃秀媛譯：藍海策略。2005，天下遠見，14-39。

26. 徐明珠。從建構世界觀到臺灣教育的國際化，彰化師範大學教育研究

所「新世紀的國民學術研討會」。2005。

27. 財團法人高等教育評鑑中心基金會。評鑑雙月刊。2006：9(3)：36。

28. 國科會。中國民國科學技術統計要覽。1999，32-33。

29. 國家政策研究基金會，教育文化組召集人楊朝祥，教育文化組副研究員徐明珠。國政研究報告，臺灣高等教育指標國際化之比較研究。2008，取自：http://www.npf.org.tw/post/2/4602

30. 張明輝。學校經營與管理新興議題研究。2009，學富文化事業有限公司。

31. 張家宜、王錦河。從國家品質獎獲獎經驗談如何建構完備的自我改善機制。評鑑雙月刊，21 期（2009），臺灣：26-30。

32. 張家宜、李怡禛、戴瑀珊。高等教育行政全面品質管理績效評估之研究。2003，國科會專題研究計畫。

33. 教育部大專校院概況統計。「98 學年度，附錄 13. 75～98 學年大專校院校數統計」。臺北市：教育部。2010.02.23，取自：http://140.111.34.54/statistics/publication.aspx?publication_sn=1424

34. 教育部統計處。「88～98 學年度大學校院聯招（指考）新生錄取率」。臺北市：教育部。2010.03.07，取自：http://140.111.34.54/statistics/content.aspx?site_content_sn=8956

35. 莊素玉等。創新管理─探索臺灣企業的創新個案。2001，臺北：天下遠見，98-107。

36. 許長田。策略管理。2005，臺北：新文京開發出版股份有限公司。

37. 陳俊瑜、李金泉（民 91）。學校實驗（習）場所安全衛生管理系統之建置。中國化學工程學會會刊，49(5)，4-12。

38. 陳啓明。第十四屆國家品質獎林英峰辛勤十五年，長期貢獻國家品質獎─強調企業應不斷追求卓越和真正落實誠信。品質月刊，40 卷 4 期

（2004.04.01），臺灣：20-21。

39. 黃永東。國家品質獎的社會責任工作評估。品質月刊，42 卷 12 期
（2006.12.01），臺灣：35-37。

40. 經濟部工業局。促進企業卓越經營計畫。2009。

41. 經濟部工業局——產業永續發展整合網 http://proj.moeaidb.gov.tw/isdn/

42. 經濟部中小企業處。多走一里的品質之路：九個創新超越的企業成長
故事。2008，經濟部中小企業處。

43. 廖仁傑。「ISO 9001：2000 品質管理八項原則」與「國家品質獎評審
項目」之相關性初探。品質月刊，37 卷 10 期（2001.10.01），臺灣：
80-83。

44. 臺灣高等教育學會。高等教育（第三卷第二期）。2008，臺灣高等教
育學會。

45. 臺灣國際安全學校發展中心（Taiwan International Safe Schools
Promotion Center）。http：//www.safeschool.org.tw/index.asp

46. 蔡耀宗。美國國家品質獎醫療組織獎的首次頒獎。品質月刊，39 卷 6
期（2003.06.01），臺灣：24-25。

47. 鄭榮郎。國家品質獎的核心價值與理念。品質月刊，39 卷 5 期
（2003.05.01），臺灣：39-40。

48. Edward Sallis。全面品質教育。2001，元照出版公司。

49. Henry Mintberg & Bruce Ahlstrand & Joseph Lampel 著，林金榜譯：策略
巡禮——管理大師明茲柏格的策略管理全書。2003，商周出版社。

二、英文部分

1. Hooley, Gram J, Tony Cox, John Fahy, and David Shipley (2000). "Market
Orientation in the Transitional Economies Of Central Europe: Tests of The

Narver And Slater Market Orientation Scale." Journal of Business Research, 50 (3), 273-285.

2. Howard, J. A. & J. N. Sheth (1969), The Theory of Buying Behavior, N.Y.; John Wiley & Son, p.30.

3. http://cdnet.stpi.org.tw/techroom/pclass/pclass_A032.htm

4. http://en.wikipedia.org/wiki/Innovation

5. http://proj3.moeaidb.gov.tw/nqa/msg_upload/新版「申請書」範本.doc。

6. http://www.arwu.org/

7. http://www.topuniversities.com/

8. Hunt, Shelby D. and Robert M. Morgan (1995), "The Comparative Advantage Theory of Competition," Journal of Marketing, Vol. 59 (April), 1-15.

9. Kotler, P. (1996), Marketing Management: Analysis, Planing, Implementation, and Control, 9th ed Prentice-Hall Inc.

10. Ruekert, Robert W. (1992), "Developing A Market Orientation: An Organizational Strategic Perspective", International Journal of Research in Marketing, 9, January, pp.225-245.

11. Tes. David K. and Peter C. Wilton (1988), "Models of Consumer Satisfaction: An Extension." Journal of Market Research, 25 (May), 204-12.

12. Williamson, Oliver. 1981. "The Economics of Organization: The Transaction Cost Approach." American Journal of Sociology, 87: 548-577.

國家圖書館出版品預行編目資料

教育品質：邁向頂尖之路／臺北醫學大學教育
品質中心著. ――一版. ――臺北市：五南,
2011.01
　　面；　公分
　ISBN 978-957-11-6147-1 (平裝)
1.高等教育　2.醫學教育　3.學校管理　4.全
面品質
525.6　　　　　　　　　　　　99022097

5J36

教育品質―邁向頂尖之路

總 校 閱― 邱文達

作　　者― 臺北醫學大學教育品質中心

發 行 人― 楊榮川

總 編 輯― 龐君豪

主　　編― 王俐文

責任編輯― 劉姍伶

封面設計― 斐類設計公司

出 版 者― 五南圖書出版股份有限公司

地　　址：106臺北市大安區和平東路二段339號4樓

電　　話：(02)2705-5066　傳　　真：(02)2706-6100

網　　址：http://www.wunan.com.tw

電子郵件：wunan@wunan.com.tw

劃撥帳號：01068953

戶　　名：五南圖書出版股份有限公司

臺中市駐區辦公室/臺中市中區中山路6號

電　　話：(04)2223-0891　傳　　真：(04)2223-3549

高雄市駐區辦公室/高雄市新興區中山一路290號

電　　話：(07)2358-702　傳　　真：(07)2350-236

法律顧問：元貞聯合法律事務所　張澤平律師

出版日期：2011年1月初版一刷
　　　　　2012年2月初版二刷

定　　價：新臺幣400元